명상이 경쟁력이다

권두언

불행과 행복이 공존하는 세계라고 한다. 그러나 행복이 훨씬 더 많은 세계, 아니 즐거움과 평화 가득한 세계를 느끼며 살 수는 없을까? 어떤 때는 외로움, 어떤 때는 스트레스가 있다. 육체적 자아가 전제될 때는 걱정이 떠오른다.

감기에 걸리기도 하고, 신체의 일부에서 통증을 느끼면 약을 복용하기도 한다. 원하는 일이 잘 되지 않으면 남을 탓하거나 상황에 좌절한다. 그래도 때로는 기분이 좋고 행복한 정서를 맛보기도 한다.

자신이 잘 모르는 무엇인가에 지배당하는 무의식적 정서는 극복되어야 한다. 무의식적 개체성을 극복한 사람은 마음이 자신의 스승이고 친구이지만, 자기 내면에서 진정한 자아를 발견하지 못한 사람에게는 마음이 그를 괴롭히는 적이다.

그 어떤 상황에서도 명쾌하게 지도하고 조언해 주는 스승이 있다면, 고민과 두려움 없는 지혜로운 삶을 살 수 있을 것이다. 그러나 밖에 있는 스승이나 역사적 성자에게서 무엇을 구하는 것은 결국 자기 안에 있는 참 스승을 만나는 방편이다.

그러므로 스승이 참된 명상에서 나타난다. 명상에서 아이디어가 솟아나고 마음이 평온해지며 풍요와 지혜와 행복의 길을 찾을 수 있다.

"명상하라. 그리고 너의 본질이 신임을 알라."

리셋 컨설팅 마스터
신 병 천

차례
Contents

05프롤로그: 21세기는 명상하는 자가 승리한다 15거대한 패러다임의 변화가 강력히 요구하는 1%의 힘, 명상 46진짜 나를 발견하는 명상 83생활 속의 명상, 명상 속의 생활 115에필로그: 마음을 뛰어넘은 자가 세계를 좌우한다

프롤로그 : 21세기는 명상하는 자가 승리한다

변화의 최전방에 부는 명상의 바람

21세기는 영성의 시대다. 이제까지 종교의 언어로만 여겨졌던 '영성(Spirituality)'이 이제는 심리, 의료, 과학을 넘어 경제, 경영에서도 중요한 용어가 되었다. '영혼을 소중히 여겨라(Admire my soul.)'라는 말은 어느 경전의 문구가 아니라 경제전문잡지 「포춘(Fortune)」에서 제시한 새로운 경영원칙이다. '영성의 파워(The Power of Spirituality)'는 설교 제목이 아니라 미래학자 패트리셔 애버딘(Patricia Aburdene)이 지목한 21세기 사회·경제적 변화의 핵심 요인을 가리키는 말이다. 물질적 풍요를 목표로 달려온 자본주의가 '물질을 창조하는 힘이 영성에 있다'는 사실을 발견하기 시작한 것이다.

21세기인 지금 세계는 근본적인 의식의 전환을 겪고 있다. 20세기 말 한꺼번에 터져 나온 글로벌 기업의 갖가지 회계부정 사건, 기술주 버블, 장기적 불황, 국가 파산위기 등으로 자본주의의 가치에 대한 신뢰가 무너졌다. 중동지역의 전쟁과 9.11테러 등은 미래에 대한 불안을 가중시켰고, 보다 많은 사람들이 영성을 추구하게 만들었다. 중요한 것은 영성에 대한 탐구가 단순히 개인적인 삶의 영역에만 머무르지 않는다는 것이다. 이제 영성은 인간의 모든 활동과 우선순위, 소비패턴이나 조직의 역량에까지 영향을 미치게 되었다. '영성'이라는 가치가 고객의 영적 욕구와 맞물려 비즈니스 세계에 새로운 화두로 등장한 것이다.

「포춘」의 수석기자 마르크 건서(Marc Gunther)는 그의 저서 『위대한 기업을 넘어 영적 기업으로(Faith and Fortune)』에서 인간 존중의 영적인 비즈니스(Spiritual Business)가 미래 경영의 새로운 패러다임이라고 주장한다. 이윤만 쫓아서는 세계적인 기업이 될 수 없고 직원과 협력업체, 고객, 나아가 세계인을 감동시킬 수 있는 영적인 기업만이 영속할 수 있다는 것이다. 1993년 노벨 경제학상을 수상한 시카고 대학의 로버트 포겔 (Robert William Fogel) 교수는 그 원인을 "물질적 충족의 정상에 오른 오늘날의 사회는 갈수록 영적 원천을 추구할 수밖에 없다."는 말로 정리한다.

능력만을 존중하고 숭배하던 시대는 지나가고 있다. 지금은 신뢰경영, 윤리경영이 요구되는 영성의 시대다. 단순히 경영을 잘 하는 것만으로는 부족하다. 이제 모든 기업에게는 함께 일하는 이들은 물론, 고객의 마음까지 움직이는 '영적 리더십'이 필요하다. 20여 년 전 정보화 사회의 도래를 예견했던 미래학자 패트리셔 애버딘은 『메가트렌드 2010』에서 영적인 변화가 인간의 삶을 본질적으로 바꾸는 힘이며, 이러한 변화가 21세기의 메가트렌드임을 간파하고 있다. 그리고 이 메가트렌드를 이끌어가는 테크닉으로 '명상'을 소개하고 있다.

명상은 최근 들어 미국과 유럽의 많은 다국적 기업에 필수 도입 프로그램으로 자리 잡았다. 미국 경제주간지 「비즈니스위크(Businessweek)」는 2003년에 "스트레스가 업무효율 저하의 주범이란 인식이 확산되면서 직원들의 사기진작 프로그램으로 명상을 채택하는 기업들이 늘고 있다."고 보도했다. 애플컴퓨터, 야후, 구글, 컨설팅 회사인 맥킨지와 도이치뱅크, 휴즈항공 등에서는 임직원에게 적극적으로 명상을 가르친다는 것이다. 현재 미국의 명상 인구는 2,000만 명을 넘은 것으로 추정되고, 영국과 독일, 프랑스에서도 명상을 하는 것이 더 이상 뉴스거리가 되지 못한다.

세기적 변화의 최전방에서 시작된 명상의 바람은 한국에도 불기 시작했다. 한국의 명상 인구도 500만 명을 넘어섰다고 한다. 대기업 CEO들의 명상 이야기가 심심찮게 언론에 오르내리고, 명상을 기업체의 교육 프로그램으로 도입하는 사례도 늘어나고 있다. 우리나라에서 열린 〈2008 세계지식포럼〉에서는 명상 세션을 별도로 개설할 정도가 되었다. 명상에 대한 관심의 출발점은 다양하다. 건강과 스트레스 해소, 감정 조절, 집중력 강화, 자기성찰 등 사람마다 가지각색의 이유로 명상을 시작한다. 그러나 명상의 효과는 마음을 안정시키고 건강을 회복시켜주는 데 그치지 않는다. 늘 맞닥뜨리는 삶의 현장, 비즈니스의 영역에서 명상은 강력한 무기가 되어주는 것이다.

명상은 비즈니스의 강력한 무기다!

21세기는 격렬한 변화의 시대다. 최근의 글로벌 금융위기는 이제까지 자본주의를 주도해 온 미국의 심장부에서 시작되었다. 세계경제의 근간이 흔들리고 있는 것이다. 경기의 흐름에서 불황과 호황은 사이클을 이루게 마련이지만, 지금 우리가 직면하고 있는 문제는 이제껏 없었던 급격한 변화와 예측불허의 돌발적인 상황이다. 켈로그 경영대학원의 석좌교수인 필립 코틀러(Phillip Kotler)는 이렇게 말한다. "진짜 문제는 이런 단순한 사이클이 아닙니다. 전혀 예상하지 못한 위협에 끊임없이 노출된다는 것, 바로 격동의 시대를 맞이하고 있다는 것이죠."

과학기술의 발달과 급격한 사회·경제적 변화는 우리 삶의 많은 부분을 급속도로 바꾸고 있다. 인터넷과 스마트폰의 발달로 정보가 넘쳐 나고, 모든 비즈니스가 스피드를 우선순위에 두게 되었다. 지금까지 책을 사려면 직접 서점에 가거나 온라인으로 주문하고 배송을 기다려야 했다. 그러나 이제는 종이책보다 저렴한 디지털북 파일을 즉시 다운받을 수 있다. 많은 사람들이 돈을 주고 구매했던 GPS장치와 위치정보 서비스가 불과 얼마 지나지 않아 휴대폰을 통해 무료로 제공되고 있다. 어제의 대형시장이 오늘 아침에 사라져 버릴 수 있는 시대가 된 것이다.

이렇게 빠른 기업환경의 변화는 모방이 아니라 창조를 요구하고 있다. 이제 벤치마킹으로는 경쟁자를 따라잡을 수 없다. 완전히 새롭고 유일한 것을 창조하는 기업만이 살아남는 시대가 되었기 때문이다. 이런 상황에서 직장인들은 1분 1초를 나눠서 사용해야 할 만큼 바쁜 일과를 보낼 수밖에 없다. 그리고 매일 폭주기관차처럼 달려야만 하는 사람들은 결국 '번-아웃(burn-out, 의욕상실상태)'이 되고 만다. 이에 대해 예일

대의 데이빗 밀러(David Miller)는 "다운사이징, 급성장, 제품 수명주기 단축, 더 많은 사람들과 경쟁해야 하는 상황은 많은 사람들에게 고통을 안겨주었다."고 설명한다. 그러나 사람은 '경제적 인간(Homo Economicus)'이기도 하지만 동시에 '영적인 인간(Homo Spiritus)'이기도 하다. 성공을 하고 물질적인 풍요를 누린 사람들은 대부분의 경우 그것이 전부가 아니라는 사실을 깨닫는다. 그들은 인생에 있어서 더 큰 의미를 찾는다.

격변의 21세기를 살고 있는 많은 사람들이 바쁜 업무와 정신적 혼란 속에서 이제 영적인 가치에 대해 눈뜨기 시작했다. 풍요로운 삶과 성공에 대한 욕망을 충족시키면서도 직면한 변화에 적응할 수 있는 능력이 자기 내면에 있다는 사실을 발견하게 된 것이다. 그 내면의 힘을 이끌어 내어 삶에 적용하는 방법이 바로 '명상을 생활화하는 것'이다.

지금까지 '명상'은 일종의 여가활동이나 종교적 수양으로 인식되어 왔다. 하지만 스티브 잡스와 같은 CEO들이나 수많은 헐리웃의 스타들, 스포츠 영웅들이 증명하듯 명상은 비즈니스의 성공을 위한 가장 강력한 무기가 될 수 있다. 명상을 통해 고양된 의식은 끊임없이 샘솟는 창조적인 아이디어로 당면한 문제를 쉽게 해결해준다. 잡다한 생각과 부정적인 감정들이 사라지면 맑고 순수한 의식이 되어 사물을 직관적으로 꿰뚫어 보는 통찰력을 얻게 된다. 그러면 복잡하게 뒤엉켜 있는 것처럼 보이는 사안에 대해서도 명쾌한 판단과 빠르고 정확한 선택이 가능해 진다. 그리고 무엇보다도 분주한 일상과 과도한 업무에 지쳐 잃어버렸던 열정을 되찾게 해준다. 혹시 당신은 이보다 더 좋은 비즈니스 도구를 알고 있는가?

1%가 99%를 결정한다

고등학교 1학년 학기 초 영어선생님께서는 신입생들에게 노력의 중요성을 역설하셨다.

"에디슨도 천재는 1%의 영감과 99%의 노력으로 이루어진다고 했다. 그러니 너희들도 머리만 믿고 공부를 게을리해서는 안 된다. 머리는 1%밖에 안 되는 거야. 중요한 것은 99%의 노력이라는 것을 잊지 마라."

목표한 고등학교에 진학하지 못해 가뜩이나 공부할 의욕이 떨어진 상태였지만, 선생님께서 해주신 에디슨의 이야기는 오래도록 기억에 남았다. 하지만 10여 년이 지나 필자가 영어강사가 되었을 때, 선생님의 이야기가 얼마나 엉터리였는가를 깨닫게 되었다. 수업용 교재를 만들기 위해 영어 지문들을 검토하다 에디슨이 어느 기자와 인터뷰 한 내용을 읽게 된 것이다. 기자가 에디슨에게 질문했다.

"선생님께서는 하루에 18시간이나 연구실에서 일을 하신

다는데, 그러면 힘들지 않으세요?"

에디슨이 대답했다.

"나는 평생 단 하루도 일이란 걸 해본 적이 없습니다. 그건 모두 즐거움이었죠!"

필자는 이 글을 보는 순간 에디슨이 말한 '1%의 영감'이 '즐거움'이 아닐까 하는 생각을 갖게 되었다. 그리고 에디슨에 대해 조금씩 더 알아가면서 이는 분명해졌다. 그에게 있어서 '영감'이란 자신이 하는 일에 몰입할 때 느끼는 즐거움이었다. 복잡한 생각이나 불편한 감정으로 산만해지지 않은, 순수 창조력의 장에서 뛰어노는 즐거움이었던 것이다. 그 1%의 영감에 의해 99%의 노력은 저절로 이루어진다. 이는 우리가 재미있는 놀이를 하면서 잘 놀기 위해 애써 노력하지 않아도 되는 것과 마찬가지다. 그래서 힘들지 않고도 100%의 탁월한 결과를 낼 수 있는 것이다. 그러니 평생토록 단 하루도 일을 하지 않았다는 에디슨의 대답은 거짓말이나 허세가 아니다.

당신의 경우는 어떤가? 일을 해도 해도 끝이 나지 않고 더 많은 업무가 줄을 이어 몰려올 때 모든 걸 포기해 버리고 싶은 충동을 느껴본 적은 없는가? 중요한 프레젠테이션이나 시험을 앞두고 너무 긴장이 되어 머릿속이 백지처럼 하얗게 된 것 같았던 경험은 없는가? 마감시간이 촉박한 프로젝트나 과제를 두고 불안감에 휩싸여 눈앞이 캄캄해진 적은 없는가? 고객에게 연락하는 것이 부담스러워 차일피일 계획을 미룬 적은 없는가? 직장 상사나 동료가 미워 회사를 그만 둘 생각을 해 본 적은 없는가?

애플의 스티브 잡스(Steve Jobs)와 함께 가장 창조적인 경영자로 꼽히는 영국 버진 그룹의 CEO 리처드 브랜슨(Richard Branson)은 괴짜 사업가로 통한다. 영국에서 자산 순위 5위 안에 드는 억만장자인 그는 자신의 사업방식의 핵심은 '재미'라고 말한다. 그는 "어떤 일에 재미가 없어질 때가 바로 일을 바꿔야 할 때다. 불행하게 살기에 인생은 너무 짧다. 스트레스에 쌓여 비참한 마음으로 아침에 눈을 뜨는 것은 올바른 삶의 방식이 아니다."라고 말한다. 하지만 그도 상실감에 허우적대던 때가 여러 번 있었다. 그래서 그는 "모두에게는 '자기만의 방'이 필요하다."고 말한다. 실제의 방이 아니더라도 방해를 받지 않고 생각할 수 있는 '명상의 공간'이 필요하다는 것이다.

21세기는 바쁘다. 왜 이렇게 바쁜지 질문할 틈도 없이 바쁘다. 우리 모두에게는 '포즈버튼(pause button: 잠시멈춤 버튼)'이 필요하다. 내가 무엇을 하고 있는지, 내가 왜 이렇게 하고 있는지도 모르는 사이에 인생이 흘러가 버리도록 방치해서는 안 된다. 점점 더 빨라지는 세계의 변화에 뒤처지지 않기 위해 숨 가쁘게 달려가던 걸음을 잠시 멈추고 '자기만의 방'에 들어가 명상에 잠겨 보자. 많은 시간이 필요한 것도 아니다. 하루 24시간 중 1%, 15분이면 충분하다. 이 1%가 나머지 99%를 지배하게 될 때 당신은 놀라운 삶의 변화를 경험하게 될 것이다. 이렇게 짧은 명상으로 생활 속에서 직면하는 문제들을 해결하고 인생의 성공을 성취할 수 있다면 정말 효율적인 시간투자가 아니겠는가?

어떤 사람에게는 '명상'이라는 단어 자체가 낯설게 느껴질지도 모르겠다. 하지만 21세기에는 '명상'이라는 새로운 아이디어를 받아들이고 그것을 실천하는 사람이 승리한다. 이는 스티브 잡스뿐만 아니라 세계적으로 성공한 수많은 사람들이 이미 입증하고 있는 사실이다. 그러니 자신이 없더라도 용기를 내서 일단 해보자! 그래서 다음에 등장하게 될 또 한 사람의 승리자가 바로 당신이기를 진심으로 바란다.

거대한 패러다임의 변화가
강력히 요구하는 1%의 힘, 명상

열심히 일한 당신, 떠나라! 회사를?

새는 알을 깨고 나온다. 알은 새의 세계이다.

태어나려는 자는 한 세계를 파괴해야만 한다.

- 헤르만 헤세(Herman Hesse)

이 회사 확 때려치워?

삼성그룹에서는 얼마 전 각 계열사별로 임원들에게 심리
검사를 받도록 했다고 한다. 이는 과도한 업무 스트레스로
인해 임원들이 어떤 어려움을 겪고 있는지를 파악하고, 심리

적인 압박을 원만하게 해결할 수 있도록 도움을 주기 위해서이다. 삼성은 심리검사의 배경에 대해 "직급이 높아지면서 업무 스트레스가 과도하게 높아지는 반면, 이를 효과적으로 관리하지 못하는 경우가 많아 회사 차원에서 점검을 해보고 향후 인사관리 시스템에 적절한 트레이닝 제도를 도입하기 위한 것"이라고 설명했다. 하지만 그룹 안팎에서는 2010년 삼성전자 부사장 자살 사건으로 조직 구성원들이 상당한 충격을 받은 것을 그 주요배경으로 보고 있다.

삼성전자 이 부사장(51세)은 자신이 살던 아파트에서 투신해 자살했다. 이 부사장은 서울대, 한국과학기술원, 스탠퍼드대 대학원을 나왔으며 2006년 삼성그룹 최고의 영예인 '펠로우'에 선정되었고, 2007년 삼성전자 반도체 총괄 부사장으로 승진했다. '펠로우'는 삼성을 대표하는 기술인력에게 수여되는 것으로 이를 받은 사람은 당시 삼성그룹 전체에서 13명밖에 없었다. 그가 소유했던 삼성전자의 주식 9,437주는 당일 종가를 기준으로 76억 원에 달했으며 2012년 12월 현재의 주가 149만 원으로 계산하면 약 140억 원에 해당하는 어마어마한 금액이다. 아울러 이 부사장의 연봉은 10억 원 선으로 알려졌다. 부와 명예를 모두 가졌으나 자살을 선택해 세상을 등진 것이다. 유서에는 '업무가 너무 과중해 살기가 힘들었다.' '우울증 때문에 고생했다.'는 내용이 담겨 있었다.

그리고 그의 미망인에 따르면 "남편이 인사발령으로 많이 괴로워했고, 최근 못 마시는 술을 자주 마셨다."고 한다.

당신의 직장생활은 어떤가? 당신은 지금 하는 일에 만족하고 있는가? 당신의 업무를 즐겁게 하고 있는가? 이 질문에 대해 즉시 "그렇다"라고 대답할 수 있다면 당신은 행복한 사람이다. 자신이 하는 일에서 재미와 즐거움을 느끼는 사람이 의외로 많지 않기 때문이다. 일이 즐겁지 않으면 불만요소들만 눈에 띈다. 처리해야 할 업무는 많은데 도와줄 사람은 없다. 재정적인 문제가 앞을 가로막고, 불편한 인간관계가 의욕을 꺾는다. 일이 뜻대로 풀리지 않아 좌절하고 자신의 무능력에 실망한다. 무한경쟁의 사회는 1등만을 요구하는데, 살아남기 위해 치열한 싸움을 계속하는 동안 처음의 열정은 사그라지고 만다. 그리고 더욱 격한 심정이 되면 하나의 생각이 떠오른다. '정말 이 회사 확 때려치워?'

우리나라 직장인 10명 중 9명은 사표를 던지고 싶은 충동을 느낀 적이 있다고 한다. 한 취업 포털사이트에서 실시한 조사에 따르면 '상사에게 사표를 던지고 싶은 충동 경험'에 대해 92.5%가 '있다'고 답했다. 상사에게 사표를 던지고 싶었던 순간 1위는 '상사가 대놓고 무시할 때'였고, 다음으로 '감당할 수 없을 만큼 많은 업무를 줄 때' '불합리한 업무를 지시할 때' '야근 또는 주말 출근 등을 강요할 때' '지나친 업무 성과를 요구할 때' '불합리한 인사평가를 할 때' '개인 업무를 지시할 때' '욕설이나 폭행 등을 할 때' '성과를 가로챌 때' '다른 동료와 비교할 때' 등의 순이었다. 실제로 응답자의 40% 이상이 사표를 던지고 퇴사한 경험이 있었는데, 이들 중 80%는 자신의 결정에 대해 '후회 없다'고 응답했다.

하지만 정말 그럴까? 과감하게 결단하고 회사를 떠나기만 하면 문제가 해결될까? 휴일만 기다리는 번-아웃 상태를 벗어날 다른 방법은 없을까? 물론 경우에 따라 사표를 내고 퇴사하는 것이 현명한 판단일 수 있다. 그러나 대개의 경우 다른 회사로 자리를 옮기는 데 성공하더라도 문제는 똑같이 반복된다. 힘든 업무도 싫은 사람도 내 마음이 결정하는 것이라 내 마음이 바뀌지 않으면 문제도 바뀌지 않기 때문이다. 비전을 품고 들어와 열정을 불사르며 열심히 일해 온 회사를 그만두는 결정이 쉬운 것은 아니지만, 순간적인 감정을 못 이겨 퇴사를 결정했다가 낭패를 보는 경우도 많다.

그러면 어떻게 해야 할까? 우선 자신에게 근본적인 질문을 던져보자. 당신이 지금 다니고 있는 직장을 선택한 이유는 무엇인가? 왜 지금 그 일을 하고 있는가? 이 질문에 어떻게 대답하는가에 따라 당신의 직장생활, 당신의 인생은 완전히 달라진다.

왜 일하는가?

마쓰시타 고노스케(마쓰시타 전기그룹 창업자), 혼다 쇼이치로(혼다자동차 창업자)와 함께 '일본에서 가장 존경받는 3대 기업가' 중 한 명이자 '살아있는 경영의 신'으로 불리는 이나모리 가즈오(稻盛和夫). 그는 27세 때 맨손으로 사업에 뛰어들어 교토 세라믹(현 교세라)을 창업하고, 세계 100대 기업으로 성장시켰다. 또 1984년에는 제2전전(현 KDDI)을 설립해 10여 년 만에 일본 굴지의 통신회사로 발전시켰다. 그리고 2010년 2월 파산위기에 처한 일본항공(JAL)의 회장으로 취임해 1년 만에 회사를 정상으로 회복시키고, 그해 전 세계 항공사 중 최대의 영업 이익을 냈다. 그는 『왜 일하는가』라는 책에서 다음과 같이 말한다.

"지금 하고 있는 일을 어느 누구보다 좋아해 보라. 그 일에 흠뻑 빠져보라. 그러면 퇴근시간에 집에 가는 시간마저 아깝게 느껴질 것이다. 남들이 알아주지 않아도, 집에서 밤새워 그 일에 매달려도 하나도 힘들지 않을 것이다. 내가 그 일이 되고, 그 일이 내가 된 듯한 기분. 그런 과정을 거쳐 이룬 성과 앞에서는 누구라도 어린아이처럼 뛸 듯이 기뻐할 것이다."

당신은 이런 느낌을 가져 본 적이 있는가? 그렇다면 당신은 직장에서 정말 훌륭한 리더라고 할 수 있다. 직급을 떠나 자신의 일에 즐겁게 몰입하는 사람은 함께 일하는 모든 사람들에게 긍정적인 파동을 전해주기 때문이다. 이런 느낌으로 일해본 적이 없는가? 그렇다면 이나모리 회장의 말에 좀 더 귀를 기울여 보자. 그는 우리에게 이렇게 권한다.

> "자신의 일이 천직이라는 마음으로 즐겁게 일하는 것이 중요하다. 주어진 일이라서 어쩔 수 없이 한다는 생각을 버리지 않으면 절대로 일하는 고통에서 벗어날 수 없다. 다시한 번 강조하지만 자기가 좋아하는 일을 추구하기보다는자기에게 주어진 일을 좋아하는 것부터 시작하자."

이나모리 회장이라고 해서 처음부터 일을 좋아한 것은 아니다. 그러나 대학을 졸업하고 취직한 '쇼후공업'이라는 도산 직전의 회사에서 중대한 변화의 계기를 맞는다. 월급도 제때 나오지 않고, 노동쟁의가 끊이지 않는 회사에서 전공과도 맞지 않는 일을 하고 있던 그는 회사를 그만 둘 생각을 했다. 하지만 그는 우선 '회사를 그만두려면 명분이 확실해야 한다.'고 생각했다. 그런데 극심한 경제 불황 속에서 대학교수의 소개로 어렵게 회사에 들어온 그는 아무리 생각해도 회사를 그만둘 명분을 찾을 수가 없었다. 그래서 그는 생각의 방향을 반대로 돌렸다. 변명과 불평불만을 입에 달고 지내던 자기를 버리고, 아무 생각도 하지 않은 채 눈앞에 놓인 일에만 집중하기로 결심했다.

그러자 놀라운 일이 일어났다. 전에는 느끼지 못했던 도전 의식이 우러났고, 치열하게 싸워보고 싶은 욕구가 솟아올랐다. 그는 자기도 모르게 열과 성을 다해 일과 정면으로 맞서기 시작했다. 그는 그때의 변화를 이렇게 회상한다. "일에 몰두하면서 나 자신도 놀랄 실험결과가 연이어 나왔다. 그와 동시에 나를 괴롭히던 '회사를 그만두고 싶다' '내 앞날은 어떻게 될까?'라는 의구심과 방황도 거짓말처럼 사라져버렸다. 정말 일이 너무너무 재미있어졌다. 일이 힘들다는 생각이 사라지면서 점점 더 적극적으로 일에 몰두했고, 주변 사람들의 평가도 갈수록 좋아졌다. 이전까지 고난과 좌절의 연속이었던 내 인생에 꿈꾸지 못한 일들이 일어난 것이다. 그렇게 내 인생 최초의 가장 큰 성공이 다가왔다."

이나모리 회장은 자신과 자신이 하는 일에 대해 근본적인 질문을 던졌고, 그 질문에 끈덕지게 매달렸다. 그는 올바른 대답을 얻기 위해 치밀하게 생각했고, 긍정적인 방향으로 생각을 전환했다. 그리고 자신이 내린 결론을 즉시 실행했다. 이것이 진짜 명상이다. 가부좌를 틀고 앉아 마음의 위안을 얻는 어설픈 명상으로는 삶을 변화시킬 수 없다. 진정한 명상은 눈에 보이는 현실의 뒷면까지 꿰뚫는 치밀한 생각과 예리한 통찰, 그에 따르는 실천을 동반하는 것이다. 이나모리 회장은 말한다. "일은 수행과 같다고 해도 과언이 아니다."

세계 최고의 CEO들은 명상을 통해 '직관'을 얻는다

세계적인 데이터베이스 기업 '오라클(Oracle)' CEO인 래리 엘리슨(Larry Ellison)은 2010년 미국 경제전문지 「포브스(Forbes)」가 선정한 세계 6위의 갑부로, 명상을 비즈니스에 적극적으로 활용하는 사람이다. 오라클 직원들은 엘리슨 회장을 '사무라이'라고 부르는데, 그가 철저한 일본 마니아기 때문이다. 엘리슨은 16세기 일본 교토의 고성을 그대로 본뜬 저택에 살고 있다. 정원을 소담한 일본식으로 꾸며놓고, 평상시에도 일본 사무라이 복장을 하고 다도와 검도를 즐긴다.

그러나 이런 외형적인 취향보다 중요한 것이 동양의 정신문화를 존중하는 그의 태도다. 엘리슨 회장은 명상을 통해 얻어지는 평정심과 직관의 힘을 누구보다 잘 알고 있다. 그 자신이 꾸준하고 규칙적인 명상을 통해 집중력과 통찰력을 길러왔기 때문이다. 그래서 그는 회사의 최고 임원들에게 하루에 세 번씩 명상할 것을 요구한다. 회사의 발전과 성장을 위해 창의적인 아이디어를 내고 중요한 결정을 내려야 하는 임원들에게 가장 필요한 것이 명상을 통해 얻어지는 직관이라고 확신하기 때문이다.

그러나 명상을 한다고 해서 그가 수행자와 같이 절제하는 삶을 사는 것은 절대 아니다. 오히려 그의 삶은 고요하거나 지루한 일이 없다. 엘리슨은 일주일에 50시간만 일한다는 독특한 철학을 갖고 있다. 그는 50대 중반의 나이도 의식하지 않고 틈날 때마다 4,000만 달러짜리 초호화 자가용 비행기를 직접 조종한다. 그리고 '사요나라'라고 이름 붙인 경주용 요트를 타고 폭풍우가 몰아치는 거친 바다에서 모험을 즐기는 스포츠광이다. 실리콘밸리에서는 엘리슨 회장을 '정력적으로 일하고 즐겁게 사는 에너지 자체'라고 여긴다.

'웹 기반 소프트웨어'라는 혁신적인 비즈니스 모델을 가진 '세일즈포스 닷컴(salesforce.com)'의 CEO 마크 베니오프(Marc Benioff)는 화려한 마케팅, 그리고 아놀드 슈왈츠제네거 같은 스타와 저녁식사를 하는 것으로 잘 알려져 있다. 하지만 대중에 드러난 모습과 달리 그는 내면적 깨달음에 대한 열정을 가진 영적 구도자이다. 오라클의 세일즈맨이었던 그는 1996년 미래에 대한 비전과 깨달음을 얻기 위해 인도로 가서 3년의 수행과정을 마쳤다. 사회로 돌아온 베니오프는 '세일즈포스 닷컴'을 창업했고, 2004년에는 이 회사를 가장 주목받는 주식공개 상장기업으로 만들었다.

그는 창업 초기부터 기술을 통해 긍정적인 사회변화를 이끌어내고 싶어 했고, 기업의 이익을 사회에 환원하기 위해 노력했다. 그는 사람들의 노력에 큰 의미를 줄 수 있는 공동의 철학이 없다면 사람들을 단합하고 집중하게 할 수 없다고 믿고 있다. "기업이 진정 성공하기 위해서는 이윤을 창출하는 것보다 큰 기업의 임무를 갖고 있어야 한다. 우리는 세일즈포스 닷컴의 1% 철학을 통해 이를 따르고자 하는데, 이는 주식의 1%, 제품의 1%, 직원 시간의 1%를 사회에 환원하는 것이다."라고 베니오프는 말한다.

마크 베니오프가 이처럼 열정과 확신을 가지고 새로운 비즈니스 모델을 펼쳐 나갈 수 있는 것도, 자선 활동을 사업 모델에 통합시킴으로써 새로운 가치를 창출해 낸 것도 모두 깊은 명상에서 터득된 직관과 결단력 덕분이다. 일찍이 비즈니스 잡지 「비즈니스 위크」는 격무 속에서도 평정심을 유지하는 그의 비결에 놀라움을 표시한 바 있으며, 「포춘」도 숲속에서 직원들과 명상하고 있는 그의 사진을 게재하기도 했다. 이처럼 세계 최고의 CEO들은 명상을 통해 내면화된 보다 높은 가치에 대한 확신을 바탕으로 분명한 결단과 탁월한 성과를 이끌어낸다.

휴렛팩커드(Hewlett-Packard)의 그레그 머튼(Greg Merton) 부사장은 자신의 성공요인으로 열여섯 살 난 아들이 자동차 사고로 사망했을 때 겪은 영적 변화를 든다. 그는 아들의 죽음이 가장 큰 비극이자 은총이라고 말한다. "당시 나는 대화, 즉 사람들이 서로 영향을 주고받는 방법에 집중할 수 있었습니다." 내면에 존재하던 영적 통찰력이 피어나면서 그는 흘려보내는 법, 용서하는 법, 섣불리 판단하지 않는 법을 배울 수 있었다. 그는 아들의 죽음이라는 충격적인 사건을 단순히 '슬픈 경험'으로 낭비하지 않았다. 그는 깊은 사색과 예리한 통찰로 이전에는 보지 못했던 삶의 다른 차원을 볼 수 있게 되었다. 평범한 생각이었다면 '눈물의 자리'로 끝날 수 있었던 사건이 그에게는 탁월한 '명상의 자리'가 된 것이다.

머튼 부사장은 경쟁을 멈추고 사람을 먼저 생각했다. 그리고 자신의 깨달음을 조직을 이끄는 데 응용했다. 그의 새로운 비즈니스 원칙은 일을 처리하는 방식을 변화시켰고, 다른 사람들에 대한 믿음을 갖게 만들었다. 머튼과 그의 팀이 자각과 깨달음을 얻음으로써 휴렛팩커드는 두 자릿수 성장을 기록했고, 사업영역도 여섯 개로 확장할 수 있었다

당신은 왜 일하는가? 이 질문에 대해 "이 일이 좋아서!"라고 대답할 수 없다면 회사를 떠나라. 지금까지 열심히 해온 그 일이 더 이상 즐겁지 않다면 당장 회사를 떠나라. 사표를 던져도 좋고 휴가를 떠나도 좋다. 그러나 회사를 떠나는 가장 좋은 방법은 업무에 질식된 '마음 속 회사'를 떠나 '자기

만의 방'으로 들어가는 것이다. 그리고 그곳에서 깊은 명상을 통해 진정한 휴식을 얻고, 자기 내면에 충만한 열정과 즐거움을 발견하는 것이다.

블링크(blink)? 그렇게 빨리 결정해도 되는가?

> 자기 능력의 한계를 결정짓는 것은 상상과 결단이다.
> – 앤소니 라빈스(Anthony Robbins)

2초 만에 내리는 판단

2001년 대한민국 최고의 인기드라마는 '여인천하(女人天下)'였다. 이제는 옛날이야기가 되어버렸지만, 당시 이 드라마를 보지 않으면 여러 사람이 모인 자리에서 대화에 끼기 어려울 정도로 인기가 많았다. 그중에서도 경빈 박 씨가 말꼬리를 날카롭게 높이며 말하는 "뭬야?"라는 대사는 많은 사람들이 흉내 낼 만큼 사랑을 받았다. 하지만 중종 임금이 등장하는 장면에 이르면 박진감 넘치게 전개되던 이야기가 갑자기 답답해지곤 했다. 긴급을 요하는 결정사항에 대해서도 중종은 분명한 결단을 내리지 못한다. 그는 중요한 선택의 순간에 똑같은 대사를 반복했다. "짐이 좀 더 상량(商量: 헤아려서 잘 생각함)해 보고 결정짓도록 하겠소."

리더가 망설이는 동안 조직은 붕괴한다. 왕이 의사결정을 미루고 있는 동안 탐욕에 눈이 먼 신하와 후궁들 사이에 권력쟁탈전이 벌어지고 백성들은 혼란과 비탄에 빠진다. 훌륭한 리더를 만났다면 '태평천하'가 되었을 나라가 온갖 술수가 난무하는 '여인천하'가 되어버린 것이다. 여기서 '여인'은 '남성(男性)'과 대비되는 '여성(女性)'이 아니라 온갖 생각들이 얽히고설킨 복잡한 마음을 상징한다. 서로 다른 많은 생각과 주장들이 경쟁적으로 제 목소리를 높일 때 뚜렷한 주관으로 결단을 내리지 못하면 개인의 생활이든 조직의 업무든 이처럼 혼란스러워지는 것이다.

회사의 규모나 직종, 담당 업무에 따라 차이가 있겠지만 아주 작은 조직의 리더라도 '결단력'의 중요성을 잘 알고 있다. 회사의 생산성과 업무의 효율성은 빠르고 정확한 판단과 신속한 의사결정에 달려있기 때문이다. 그러나 하루 종일 회사에서 처리하는 업무의 내용과 소요되는 시간을 꼼꼼히 따져보면 놀라운 사실을 발견하게 된다. 확정된 업무를 실행하는 것보다 의사결정을 내리는 데 걸리는 시간이 더 긴 것이다! 담당한 업무가 일정한 경우라면 스스로 고민해야 할 선택사항이 상대적으로 적을 수 있지만, 잡다한 생각으로 산란해진 마음은 지극히 단순한 업무조차도 철저히 방해할 수 있다.

늦게까지 회사에 남아 야근하는 사람은 자기가 맡은 일에 책임감을 갖고 있는 사람이다. 자신에게 주어진 많은 업무를 어떻게든 다 끝내려고 최선을 다하는 자세는 칭찬할 만한 것이다. 그러나 안타깝게도 야근하는 직장인 중 상당수가 업무의 우선순위를 빨리 정하지 못하고 중요한 일을 미루다 시간에 쫓기게 된 경우다. 하루 종일 자기 업무에 완전히 몰입하지 못하고 끊임없이 일어나는 생각의 파도에 휩쓸려 정신적인 미아가 되었다가 퇴근시간이 되어서야 가까스로 정신을 차린 것이다. 누구라도 가끔씩 비슷한 경험을 할 수 있지만 이런 업무패턴이 일상화되면 심각한 문제가 된다.

세계적인 경영학자 피터 드러커(Peter Drucker)는 "늦게 내려진 올바른 결정보다 빨리 내린 틀린 결정이 낫다"고 했다. 제때 결정하지 못해 일을 그르치는 경우가 그만큼 많다는 것이다. 하지만 신속한 결정의 중요성을 잘 알면서도 정말 판단을 내리기가 어렵다. 그것은 결과에 대한 집착 때문이다. 목표한 성과, 좋은 결과를 내야 한다는 생각이 안개처럼 시야를 가려 명확한 판단을 방해하는 것이다. 그리고 판단을 미루는 동안 점점 더 많은 생각들이 일어나 시야는 더 어두워지고, 올바른 선택의 가능성은 그만큼 줄어들게 된다.

2008년 「월스트리트저널」 '세계에서 가장 영향력 있는 경영사상가 10인'에 선정된 말콤 글래드웰(Malcolm Gladwell)은 그의 저서 『블링크(Blink)』에서 "신속한 결정이 신중한 결정만큼이나 좋을 수 있다."고 주장한다. 그는 자신의 주장을 증명하기 위해 다양한 근거를 제시하는데, 그중에는 심지어 14개월 동안 과학적으로 치밀하게 연구한 결과보다 단 2초 만에 내린 전문가의 판단이 더 정확했던 사례도 있다. '2초 만에 내린 판단이 더 정확하다니? 나도 그럴 수 있으면 얼마나 좋을까?'라고 생각하는가? 아니다. 다른 사람을 부러워만 할 것이 아니다. 당신도 분명히 그렇게 할 수 있다. 다만 그것을 위해 당신이 내디뎌야 할 첫걸음은 오히려 '뒤로 한 발 물러서는 것'이다.

빌 게이츠는 '생각주간(Think Week)'에 결정했다

2008년 경영 일선에서 물러난 빌 게이츠(Bill Gates)는 일찍부터 일 년에 두 번씩 '생각주간'을 가졌다. 미국 서북부 지역의 작은 별장에 일주일간 머물며 마이크로소프트사의 장래, 더 나아가 디지털 세계의 향방을 결정지을 아이디어와 전략을 창출한 것이다. 출입이 허락된 사람이라곤 간단한 식사를 챙겨 주는 관리인뿐 어떤 방문객도 그곳에 들어갈 수 없었다. 2층짜리 별장은 소박하기 그지없어 집기라고는 혼자 생활하는 데 필요한 침대와 식탁, 냉장고, 책상과 의자, 컴퓨터 등이 고작이었다. 그는 여기서 온종일 전 세계 직원들이 작성한 보고서와 제안서를 읽으며 새로운 아이디어와 전략 구상에 골몰했다고 한다. 그는 일주일 동안 100편이 넘는 보고서를 읽었는데 맘에 드는 내용이 있으면 즉시 보고서를 작성한 담당직원에게 이메일을 보내 자신의 의견을 전달하고 아이디어를 교환했다. 그야말로 '생각주간'은 마이크로소프트사 전직원의 지적 역량이 총집결되고, 그것이 최고결정권자에 의해 새로운 전략으로 재탄생하는 시간이었던 것이다. 실제로 빌 게이츠의 '생각주간'은 마이크로소프트사의 발전뿐 아니라 디지털 세계를 선도하는 '힘의 원천'이 되어 왔다.

인터넷 브라우저 시장에서 독보적인 지위를 차지했던 넷스케이프(Netscape)를 무너뜨린 익스플로러(Explorer)의 개발을 결정한 것도, 비디오게임 사업에 뛰어들겠다고 결정한 것도 '생각주간'을 통해서였다. 빌게이츠가 '생각주간'을 위해 들고 들어간 보고서가 총 300여 편이었던 적이 있는데, 그중에는 '마이크로소프트사를 뒤집어 놓을 10가지 미친 아이디어'란 제목의 보고서도 있었다고 한다. 급변하는 디지털 환경의 거친 파도에 부침을 거듭하는 IT업계에서도 마이크로소프트사가 흔들림 없이 지속적인 성장을 할 수 있었던 동력은 바로 이것이다. 직원들의 능력과 창의성을 최대한 존중하고, 좋은 아이디어를 수용해 즉각적으로 실행하는 빌 게이츠라는 탁월한 선장이 있었기 때문이다.

빌 게이츠는 현재 세계 최고의 갑부이자 존경받는 리더이며 IT혁명의 선구자다. 그러나 그는 사업가이기 이전에 자신이 하는 일에 뜨거운 열정을 지닌 사람이며 미래를 내다보는 통찰력의 소유자다. 그가 오늘날 전 세계 컴퓨터의 90%가 사용하고 있는 운영체제를 만들어 낼 수 있었던 것은 뛰어난 아이디어를 골라내는 판단력과 이를 즉각 실행에 옮기는 결단력 덕분이었다. 그리고 이 모든 것을 가능하게 한 것은 '생각주간'이라는 이름의 '홀로 있는 시간'이었다. 빌 게이츠는 아무도 방해하지 않는 '자기만의 방'에서 고요한 시간을 보내며 미래의 모습을 그리고 미래를 펼쳐낸 것이다.

우리 모두에게는 현실에서 '한 발 물러서 있는 시간'이 필요하다. 눈앞에 있는 사소한 문제들에 사로잡혀서는 탁월한 결정을 내릴 수 없다. 장기적인 미래 전략과 비전을 가다듬고 핵심 아이디어를 선택해 즉시 실행에 옮겨야 한다. 성공하는 리더와 실패하는 리더의 결정적 차이는 현실에 매몰되느냐, 아니면 '한 발 물러서서' 현실을 관찰하는 여유를 갖느냐의 차이다. 결국 빌 게이츠가 마이크로소프트를 세계 최고의 IT기업으로 성장시킬 수 있었던 것은 조용히 자기 내면을 성찰하고 편안한 마음으로 과제들을 검토할 수 있는 '생각주간' 덕분이었다.

리처드 브랜슨은 호숫가에서 결정했다

영국의 대표기업이 된 버진 그룹의 CEO 리처드 브랜슨은 선천성 난독증으로 고등학교를 중퇴하고, 「스튜던트(Student)」라는 잡지를 창간하면서 일찌감치 경영자의 길에 들어섰다. 도전정신과 열정으로 똘똘 뭉친 그는 불가능해 보이는 일을 두고 지레 포기하거나 우두커니 앉아서 공상에 잠겨 있지 않았다. 그는 일단 목표를 정하고 나서는 그것을 어떻게 성취할 것인지를 계획했고, 끊임없이 도전해 결국 성취해내고야 말았다. 1967년 버진 그룹의 모태인 '버진 레코드'를 시작으로 현재는 전 세계 30여 개국에 약 200개 회사를 두고 있다. 버진 그룹은 항공, 모바일, 음악, 인터넷, 음료, 호텔, 레저 등 다양한 분야에서 사업을 펼치고 있고, 최근에는 우주여행 사업에도 뛰어들었다.

리처드 브랜슨은 탁월한 협상가이며 창의적인 리더이기도 하지만 동시에 괴짜행동으로 기사거리를 제공하곤 한다. 목숨을 건 항해와 기구여행을 즐기는가 하면, 브랜드 광고를 위해 특이한 퍼포먼스로 신문 1면을 장식하기도 했다. 실로 그의 튀는 행동은 도무지 예측하기 어려울 정도다. 그는 자신이 몸소 실천해온 상상력과 도전정신이 성공의 원동력이라고 말하는데, 이는 그의 삶의 철학인 동시에 버진 그룹의 경영철학이기도 하다. 그는 자신의 경영철학을 다음과 같이 말한다.

많은 사람들은 질문을 받았을 때 마치 파블로프(Pavlov)의 조건반사처럼 "아니요!" 혹은 "한 번 생각해 보죠."라고 대답한다. 그것이 작고 하찮은 일이든 크고 획기적인 일에 관한 것이든 상관없이 말이다. 대부분의 사람들이 먼저 부정적인 반응을 보이는 것은 그들이 지나치게 신중하거나 새로운 아이디어에 확신이 없거나 아니면 단순히 생각할 시간이 필요하기 때문이다. 그러나 나는 결코 그런 식으로 대처하지 않는다. 만약 어떤 것이 좋은 생각이다 싶으면 "좋아요, 해보죠!"라고 대답하는 것이 내 방식이다.

하지만 이렇게 뛰어난 결단력을 지닌 리처드 브랜슨도 버진 애틀랜틱의 항로를 확보하기 위해 브리티시 항공과 긴 싸움을 벌이는 동안에는 몹시 침체되고 말았다. 그때 그는 호숫가에서 골똘히 생각에 잠겼다. 그는 항공사를 닫느냐 아니면 음반회사를 파느냐의 두 가지 선택 앞에 놓여 있었다. 그는 며칠 동안이나 호수 주위를 걸으며 난감한 마음으로 어떤 선택을 할 것인가를 고민했다. 그런데 마침 그때 이라크가 쿠웨이트를 침공했고, 그는 온갖 위험을 무릅쓰고 달려들어 난민들을 돕고 인질들을 구출해냈다. 그리고 사업을 파산으로 몰아넣을 수도 있었던 이 위험한 결정이 오히려 회사를 살리는 계기가 되었다.

리처드 브랜슨은 당시의 경험을 바탕으로 우리가 지녀야 할 삶의 태도에 관해 이렇게 조언한다.

"우리 모두는 자신의 인생을 평가해야 한다. 애초에 설정한 목표에 도달했는가? 삶에 필요 없는 것들을 제대로 솎아내고 있는가? 오래된 신발이나 망가진 의자를 버리라는 것이 아니다. 우리를 방해하고 정신을 산만하게 하는 나쁜 버릇이나 게으른 태도를 없애야 한다는 말이다."

그가 이처럼 삶의 태도를 분명히 하고 새롭게 도약할 수 있었던 것은 '현실에서 한 발 물러서서' 호숫가를 거닐며 내린 결단 덕분이었다.

블링크를 잡아라

내일까지 제출할 보고서를 빨리 완성하지 않고, 인터넷을 검색하며 하릴없이 시간만 보내고 있는 자신을 보면 한심하게 느껴진다. 전화 한 통화를 제때 하지 않는 바람에 중요한 계약을 놓치고 나면 자괴감이 몰려온다. 너무 방대한 자료와 통제하기 어려운 변수에 압도되어 중요한 결정을 빨리 내리지 못할 때는 머리가 터질 것 같다. 단일제품의 대량구매와 같이 간단한 결정의 실수로 큰 낭패를 보는 경우에는 바보같이 행동한 자신을 용서하기가 힘들다. 이런 상황이 벌어지기 전에 내게도 '블링크'와 같은 순간적인 판단능력이 있으면 얼마나 좋을까?

하지만 세상에 아무렇게나 주어지는 쉬운 길은 없다. 빌 게이츠와 리처드 브랜슨의 경우에서 본 것처럼 탁월한 선택과 판단을 위해서는 우선 현실에서 '한 발 물러서는 것'이 필요하다. 정작 자신이 바둑을 둘 때는 수를 내다보기가 어려워도 훈수를 둘 때는 길이 잘 보이는 것처럼 자신이 처한 상황을 객관화하여 지켜보는 것이다. 그리고 명상을 통해 자기 내면의 평화를 느끼게 되면 비로소 사물을 있는 그대로 볼 수 있게 된다. 그리고 집중력이 극대화되어 명확한 판단과 결정을 내릴 수 있게 된다. 다시 말해서 명상 없는 '블링크'는 '대충대충'의 다른 말에 지나지 않는 것이다.

연세대학교 심리학과 황상민 교수는 '블링크'를 다음과 같이 설명한다. "사실 이 능력은 우리에게 전혀 낯설지 않다. 우리는 '감' 또는 통찰력 있는 사람을 일상생활에서도 자주 만날 수 있다. 뛰어난 직관력으로 일을 추진하는 기업체 CEO들도 결국 오랜 경험과 노하우를 통해 자신의 순간적인 판단력을 믿고 활용하게 된 사람들이다." 그리고 순간판단능력에 대해서는 "그 답은 바로 당신이 얼마나 그 문제와 관련된 영역에 대해 감각을 키웠는가에 달려있다. 빠르고 정확한 판단능력은 다양한 자료들을 끊임없이 관찰하고 스스로의 마음을 수련하는 과정에서 생겨난다."고 한다. 결국 자신이 하는 일에 반복적으로 집중해 몰입하고, 명상을 통해 마음의 눈을 밝히는 것이 '블링크'를 포착하는 비결인 것이다.

창조경영? 무엇을 어떻게 창조하란 말인가?

> 누구도 해낸 적 없는 성취란
> 누구도 시도한 적 없는 방법을 통해서만 가능하다.
> — 프랜시스 베이컨(Francis Bacon)

벤치마킹의 종말

삼성경제연구소(SERI) CEO에서 최고의 유머강사로 활약하고 있는 신상훈 교수는 "이제 상대를 따라잡기 위해 벤치마킹을 하는 시대는 끝났다. 완전히 새롭고 유일한 것, 전복적(顚覆的)인 것만이 살아남는다."고 말한다. 2등만 해도 먹고 살던 시대에는 벤치마킹으로 1등을 카피해서 먹고 살 수 있었지만, 디지털 혁명을 거치면서 '모 아니면 도' '대박 아니면 쪽박'인 시대가 되었기 때문이다. 이는 그가 촌철살인의 창의적 아이디어를 내지 않으면 웃길 수 없는 유머 분야의 강사이기 때문에 하는 말이 아니다. 그것은 이미 구글(Google)이나 바디샵(The Body Shop)과 같은 세계적인 기업들의 성공스토리로 입증된 현실이다.

1993년 삼성그룹 이건희 회장이 "마누라와 자식 빼고는 다 바꿔라!"라고 요구할 때만 하더라도 '창조경영'의 필요성을 절감하고 있는 사람들이 많지 않았다. 기업이 성장하고 발전하기 위해서는 뭔가 새로운 것을 창조해야 한다는 건 누구나 아는 사실이다. 그의 말은 그저 사업의 기본요소 중 하나를 특히 강조하는 것에 지나지 않을 수도 있었다. 그러나 이건희 회장은 그때까지 당연시되어온 '양(量)' 중심의 경영에서 '질(質)'을 중시하는 '신경영'으로 획기적인 전환을 시도했다. 그 이후 십여 년간 삼성은 놀라울 정도의 고속성장을 이루었고, 마침내 글로벌 일류기업으로 발돋움했다. 그리고 2006년에 그가 내놓은 화두(話頭)는 '창조경영'이었다. 더 이상 따라잡을 모범이 없는 세계일류기업이 된 상태에서 창조적 발상 없이는 생존할 수 없다는 사실을 간파한 것이다.

그러나 지금 '창조경영'은 세계일류기업이 되고 난 다음의 문제가 아니다. 스웨덴의 경영대가 요나스 리더스트럴러(Jonas Ridderstrale)와 첼 노오스트롬(Kjell A. Nordstrom)은 "이제 평균은 멸종위기에 처해 있다."고 경고한다. 거대 시장을 형성하고 있는 산업분야가 한 순간에 사라질 수도 있는 현실은 대기업과 중소기업을 가리지 않는 것이다. '창조경영'은 이제 기업의 존

폐를 가르는 절대가치가 되었다. 그리고 자영업자들은 물론 기업체에서 종사하는 모든 사람들에게도 다양성과 창의력이 경쟁력 확보의 핵심이 되고 있다. 그러나 창조경영의 중요성을 인식하는 것은 시작에 불과하다. 중요한 것은 현업에 적용할 수 있는 '창조적 발상'을 실제로 해내는 것이다.

한때 '혁신 노이로제'라는 말이 유행했던 적이 있다. 공공기관과 사기업 모두가 '혁신'을 부르짖었지만, 혁신의 필요성에 대한 공감대가 형성되지 않았던 것이다. 그리고 실제 업무에 적용할 수 있는 방법도 분명하지 않았다. 조직에 속한 개인들은 '도대체 무엇을 어떻게 혁신하란 말인가?'라는 답답한 심정이 되었던 것이다. 상황이 좀 다르긴 하지만 '창조경영'의 시대에 접어든 지금, 현장에서 뛰는 직장인들의 고민은 마찬가지다. 급변하는 시장상황과 스마트폰이 가져온 생활의 변화를 실감하면서 '창조경영'의 필요성에 대해 의문을 제기하는 사람은 없다. 그러나 '무엇을 어떻게 창조할 것인가?'라는 질문은 늘 그림자처럼 따라다닌다.

하지만 무엇을 창조해야 한다는 생각이 강박관념이 되어서는 아무 것도 창조할 수 없다. 빡빡한 일정에 쫓기고 복잡한 생각들로 뒤엉켜 있는 마음이 창조력을 발휘할 수는 없다. 성경에서도 "해 아래 새로운 것이 없다."고 했듯, 사실 '창조'는 이전에 없던 무엇을 완전히 새롭게 만들어내는 것이 아니다. 원래 있던 재료들을 재발견하거나 다른 방식으로 재구성해 쓸모 있는 무엇인가를 만들어 내는 것이다. 그런데 역설적이게도 다양한 재료들을 새롭게 통합하는 창조적인 생각은 고요한 명상의 순간에 떠오른다. 작은 부분에 집착된 산만한 생각들이 안개처럼 걷히면서 깊은 의식의 무한창조력이 발휘되는 것이다.

스티브 잡스는 명상으로 창조했다

고위 경영자들을 상대로 실시한 보스턴 컨설팅 그룹의 설문조사를 통해 세계에서 가장 창의성 있는 경영자로 선정된 CEO. 세계 최초로 퍼스널 컴퓨터를 만들고 〈토이스토리〉〈벅스 라이프〉〈니모를 찾아서〉 등 장편애니메이션의 성공으로 영화계의 거물이 된 사나이. 다 쓰러져가던 애플사를 '아이튠즈'와 '아이팟'으로 회생시키더니 급기야 '아이폰'으로 세계인의 생활 자체를 바꾸어놓은 스티브 잡스. 고인(故人)이 되어서도 많은 사람들에게 영감을 주고 있는 그의 창조력의 비밀은 무엇이었을까?

2006년 2월 경제전문주간지인 「이코노믹 리뷰」는 '왜 잭웰치를 잊고 스티브 잡스를 배워야 하나'라는 기사에서 그의 성공 비결 뒤에는 명상과 수행이 있다고 보도했다. 미국 리드대학 중퇴가 학력의 전부인 스티브 잡스는 이미 대학 재학

시절부터 동양사상과 선불교에 심취해 있었다. 그는 대학생활에 회의를 느껴 한 학기 만에 학교를 자퇴하고 비디오게임 업체인 아타리사(社)에서 잠시 일하다 인도로 수행여행을 다녀왔다. 이후 선(禪)사상과 명상은 스티브 잡스의 거침없는 언행의 기반이 되었다. 그가 추구했던 정신적 자유와 명상체험이 결합해 놀라운 추진력과 창조력을 낳은 것이다.

스티브 잡스는 내면의 목소리에 귀를 기울이라고 조언한다. "다른 사람들의 생각에 얽매이지 마라. 다른 사람들이 하는 소리가 당신 내면의 진정한 목소리를 방해하지 못하게 하라. 가장 중요한 것은 당신의 마음과 직관이 이끄는 대로 살아갈 수 있는 용기를 갖는 것이다. 당신의 마음과 직관이야말로 당신이 진정으로 원하는 것을 잘 알고 있다. 다른 모든 것들은 부차적이다."

그가 설문 조사를 그다지 선호하지 않은 것도 이러한 맥락에서다. 그는 "고객들에게 무엇을 원하는지 묻고 나서 그들에게 바로 그 물건을 제공할 수는 없다. 당신이 제품을 완성할 때쯤이면 고객들은 뭔가 새로운 제품을 찾을 것이다."라고 했다. 이처럼 그에게는 내면의 목소리, 직관, 열정이 가장 중요했다. 결국 그의 창의성은 영성을 추구했던 젊은 시절의 경험과 자기 내면을 성찰하는 명상에 뿌리를 내리고 있다.

한편 스티브 잡스는 강한 소신과 추진력, 완벽주의 때문에 아집이 강한 사람이라는 비판도 받았고 실패도 많이 경험했다. 30세에는 자신이 창업한 애플사에서 해고되기까지 했고, 2004년에는 췌장암으로 수술을 받기도 했다. 그러나 그는 그때마다 다시 일어섰고, 명상에 기초한 자기성찰로 더 성숙한 리더가 되었다. 그는 애플에서 해고된 당시를 회상하며 이렇게 말했다. "나는 그 후 성공에 대한 중압감에서 벗어났다. 초심자의 가벼운 마음으로 돌아갔다. 모든 것이 불확실했지만 내 인생에서 가장 창조적인 시기로 들어서게 됐다." 그리고 그는 췌장암으로 사망선고를 받았던 당시의 심정을 다음과 같이 표현했다. "죽음에 직면한 순간, 외부의 기대, 자부심, 실패에 대한 두려움과 같은 것들이 모두 사라져버렸다. 그리고 인생에서 진정으로 중요한 것만이 남았다."

스티브 잡스의 자신감과 창조력은 모든 집착을 버리고 주어진 상황을 텅 빈 마음으로 바라볼 수 있는 '명상의 자리'에서 솟아났다. 한 순간에 반짝 떠올랐다가 사라지는 아이디어가 아니라 평소 꾸준한 명상과 수련을 통해 길러진 직관력이 그를 창의적인 리더로 만들어준 것이다.

비틀즈의 독창성은 명상으로 완성되었다

1968년에 나온 비틀즈의 앨범 〈The Beatles(White Album)〉는 심각한 균열의 위기를 딛고 그 어느 때보다 뛰어난 곡들을 쏟아낸 '가장 독창적인 비틀즈 앨범'으로 인정받는다. 이 앨범은 이전에 비해 음악이 매우 단순해진 것이 특징이 며, 30곡이라는 숫자만큼이나 강한 개성과 독특한 스타일 이 담겼다. 잔잔한 포크 기타를 들려주던 폴 매카트니(Paul McCartney)가 다른 곡에서는 헤비메탈의 강력한 하드 록을 연 주한다. 또 작곡에서는 늘 소외되었던 링고 스타(Ringo Starr) 가 자작곡을 만들어 특유의 컨트리 음악을 선보였다. 존 레 논(John Lennon)은 전위적인 음악을 실험했으며, 조지 해리슨 (George Harrison)은 에릭 클랩튼(Eric Clapton)을 세션 기타리스 트로 초빙해 'While my guitar gently weeps(나의 기타가 조용히 우는 동안)'라는 대표작을 낳았다.

이처럼 비틀즈 멤버들 각각의 역량이 최고조로 발휘될 수 있었던 배경은 무엇일까? 우리가 눈여겨보아야 할 것은 이 앨범이 매니저였던 브라이언 엡스타인(Brian Epstein)의 죽음 이 후, 무언가 돌파구를 찾으러 떠났던 인도 여행의 경험이 고 스란히 반영된 음반이라는 점이다. 특히 1968년 2월부터 두 달간 인도에서 마하리시 마헤시 요기(Maharishi Maheshi Yogi)와 함께 했던 명상과 휴식은 이 앨범에 직접적인 영향을 주었다. 이 앨범에 수록된 각양각색의 노래는 모두 인도 명상 여행이 가져다 준 축복 가득한 선물인 것이다.

1970년에 발표된 비틀즈 최후의 공식 앨범 〈Let It Be〉에 이르기까지 이들이 경험했던 명상의 느낌은 강렬하게 남아 있다. '사물을 있는 그대로 두고 지켜보는 것(Let it be)'은 명상을 할 때 취하는 기본적인 마음가짐이기 때문이다. 사실 서양에 인도와 명상이 널리 알려진 것도 인도 문화에 심취한 조지 해리슨과 존 레논 등 비틀즈 멤버들의 영향이 절대적이었다. 최근에도 비틀즈의 생존 멤버인 폴 매카트니와 링고 스타는 명상을 보급하는 데 사용할 기부금 마련을 위한 콘서트에 참여해 왕년의 히트곡들을 열창하기도 했다.

거꾸로 가라

예술적 영감과 마찬가지로 창의적 아이디어는 합리적인 사고나 논리적인 추론으로 얻어질 수 있는 것이 아니다. 노자는 『도덕경』에서 '유생어무(有生於無)'라고 말한다. '보이지 않는 것에서 보이는 것이 나온다.'는 말이다. 그렇다. 모든 것은 보이지 않는 마음과 생각에서 나온다. 그러므로 눈에 보이는 사물과 사건, 상황들만 분석해서는 아무런 해답이나 새로운 아이디어를 얻을 수 없다. 오히려 눈에 보이지 않는 자기 내면으로 깊게 파고들어야 한다. 도무지 문제의 해결책이나 목표 달성의 방법이라고 생각되지 않는 명상이야말로 무한창조력의 장으로 인도하는 가장 확실한 안내자이기 때문이다.

실제로 우리의 창의성을 가로막는 것은 하나밖에 없다. 그것은 이제까지 지녀온 자기 생각을 고집스럽게 유지하려는 태도다. 그리고 그 장애는 바로 '창조적인 아이디어를 내야 해'라는 생각일 수도 있다. 그런 경우, 우리는 역설적이게도 '새로운 것'에 대한 집착과 고정관념에 사로잡혀 정말 의미 있는 창조의 가능성에서 멀어질 수도 있는 것이다.

스마트폰은 최첨단의 정보교환 도구이고, 여기 저장된 정보는 동시에 수천, 수만 명에게 전송되는 위력을 갖고 있다. 그러나 배터리가 다 소모되고 충전도 할 수 없는 상황에서는 신문지에 연필로 적은 메모만도 못한 것이다. 그러므로 진정한 창조력을 발휘하려면 끊임없이 에너지가 샘솟는 마음, 어느 쪽으로 가더라도 막힘이 없는 원활한 마음이 되어야 한다.

한국예술종합학교 박재희 교수는 "거꾸로 가라. 그게 더 빠른 길일 수 있다."고 한다. 이제까지 명상이 삶의 도구나 안내자가 될 수 있다고 생각해 보지 않았다면 지금부터 관심을 갖고 명상을 실천에 옮겨보자. 어쩌면 이 길이 당신이 원하는 것을 성취하는 더 빠른 길일 수도 있지 않은가?

'나'에 대한 사색

현실이라는 것은 감각 기관을 통해 마음이 생각하고 말하고 행동하고 느끼는 것일 뿐이다. 이것은 진실하지도 영원하지도 않다. 순간적으로 변하기 쉽고, 변하기 쉬운 마음이라는 것은 진리의 마음도 무한한 자비심도 아니다. 깨닫고 보면 현실이라는 것은 내 마음에 나도 모르게 형성되고 누적된 생각과 느낌을, 현상 세계에서 현상적인 것을 나도 모르게 인정하는 것에 불과하다.

진실한 나의 성분이란, 변하지 않는 친절함이며 나 아닌 모든 존재를 이해하고 포용하고 사랑하는 마음이며 동시에 끝없이 지속적인 싱그러운 생명력이다. 육체적 모습을 보이고 있지만, 진정한 나는 보이지 않는 신의 자식이다. 신은 전지전능하기에 나도 마음먹은 대로 뭐든지 이루는 신(神, 佛)을 닮은 존재인 것이다.

깊은 의식 속에서의 생각은 반드시 이루어진다. 깊은 의식은 얕은 의식에서 거듭 생각하면 느낄 수 있는 의식이다.

고맙다, 감사하다! 깊은 의식이 바로 '나'구나.

즐겁다! 아, 즐겁다! 온 세상이 즐거움으로 빚어졌구나.

즐거움뿐이다.

진짜 나를 발견하는 명상

나를 깨워주는 심플한 명상

이 시대 사람들의 가장 큰 고통은

자신의 방 안에 조용히 앉아있을 수 없는 것이다.

- 블레즈 파스칼(Blaise Pascal)

혼수상태에 빠진 현대인들

우리가 살고 있는 현대 세계는 자극적인 요소들로 가득
차 있다. 사람들은 현란한 이미지와 복잡한 소음에 모든 감
각을 빼앗겨 마음의 평화를 누리지 못한다. 집에서 보던 텔

레비전만으로도 충분히 소란했는데 이제는 자동차에서도 지하철에서도, 심지어 걸어가면서도 텔레비전을 본다. 똑같은 콘텐츠를 온갖 방식으로 확대·재생산하는 매스미디어에 중독되어 자신의 삶에 전혀 도움이 되지 않는 잡다한 정보를 대단한 지식인양 받아들인다. 길거리는 감각적인 광고들로 도배된 지 이미 오래다. 화려한 전광판은 물론 버스와 택시, 행인들이 입고 있는 옷, 들고 가는 쇼핑백마저 모두 광고판이다. 시도 때도 없이 울리는 휴대 전화, 어디서나 인터넷 접속이 가능한 스마트폰과 노트북 덕분에 우리는 '자기만의 방'에 조용히 앉아 차분히 생각하는 능력을 잃어버렸다.

그러다 보니 많은 사람들이 '물질적인 풍요'와 동일시되는 '행복한 삶'을 꿈꾸지만 '행복하지 않은 현실'로 고통 받는다. 인생에서 멋지게 성공해 보고 싶기도 하고, 최소한 지금의 초라한 삶에서만이라도 벗어나고 싶지만 아무리 노력해도 힘들다는 생각이 든다. '성공의 비결'을 찾아다니며 책을 읽어보아도, 다양한 세미나와 프로그램에 참석해 보아도 딱히 이렇다 할 변화가 없다. '성공하고 싶다'는 생각은 하지만 장기적인 비전보다 당장의 감각적 욕구를 먼저 쫓는 안일한 자신이 밉다. 어떻게 해야 매일 똑같은 수준에서 맴도는 나의 삶을 정말로 업그레이드 할 수 있을까?

러시아의 신비주의자인 구르지예프(Georgei Ivanovitch

Guridieff)는 "인간이 느끼는 비탄의 대부분은 기계적으로 생활하면서도 그렇게 사는 것이 무엇인지에 대해 관심을 전혀 쏟지 않는 데서 비롯된다."고 한다. 늘 반복되는 상황에 똑같이 반응하면서도 자신을 성찰하지 않는 것이 고통의 원인임을 정확히 지적한 말이다.

조금이라도 자기 마음을 관찰해 본 사람이라면 비슷한 조건과 상황에서 자신이 휴머노이드 로봇(Humanoid Robot)과 똑같은 방식으로 생각하고 행동한다는 사실을 안다. 그러나 대부분의 사람들은 분노와 후회, 불안과 두려움 같은 부정적인 감정에 즉각적으로 반응할 뿐 그 감정이 어디에서 비롯되는지 묻지 않는다. 설령 그 원인에 관심을 갖는다 해도 자신을 합리화하는 변명거리를 찾을 뿐이다. 그리고 자신과 같은 의식수준의 사람들과 교류하며 '인간은 누구나 다 그렇다.'고 쉽게 단정 짓는다. 미국의 심리학자 찰스 타트(Charles Tart)가 말하는 것처럼 현대인들은 일종의 '합의된 혼수상태'에 빠져 있는 것이다.

깨어있으라

2009년 미국 「포브스」와 영국 「더 타임스(The Times)」에서 '세계에서 가장 영향력 있는 비즈니스 사상가 15인'으로 선정된 사람. 구글과 보잉(Boeing), 글락소스미스클라인(GSK) 등 세계적인 대기업 120여개의 CEO와 임원들에게 리더십 컨설팅을 해준 사람. 그래서 '세계 최고의 리더십 코치' '슈퍼코치(super coach)'라고 불리며 1회 컨설팅료로 무려 25만 달러(약 2억 8000만 원)를 받는 마셜 골드스미스(Marshall Goldsmith) 박사. 그는 보통 사람들이 하루 24시간 중 상당 부분을 TV나 인터넷 서핑에 낭비한다고 했다. 또 대화 시간의 65%는 남을 헐뜯거나 흉보는 데 쓴다고 한다. 그는 그 이유가 '행동의 관성' 때문이라고 했다. 마치 좀비(zombie)처럼 아무 생각 없이 TV를 켜서 보는 것처럼 말이다. 그는 "TV를 보지 말라는 게 아니라 생각 없이 습관대로 하지 말라."고 조언한다.

그러나 대부분의 사람들이 무의식적인 습관에 따라 산다. 그들의 하루하루는 자신의 본능적 욕구를 충족시키는 일과 자기에 대한 다른 사람들의 기대를 만족시키는 일에 급급하다. 자신이 왜 이런 말과 행동을 하는지, 왜 이런 생각과 느낌이 드는지도 모르는 채 반복된 삶의 패턴에 중독되어 사는 것이다. 그러다 나이가 들어 죽음을 내다볼 때가 되어서야 비로소 자신이 살아온 삶을 돌아보며 허무함을 느낀다. 당연한 일이다. 무의식에 완전히 지배된 중독 상태에서는 진정한 자신으로서 의미 있는 삶을 살 수 없기 때문이다.

평생 죽음을 앞둔 환자들을 돌봐주는 일에 헌신한 엘리자베스 퀴블러 로스(Elisabeth Kubler-Ross)는 그녀의 마지막 저서 『인생 수업(Life Lessons)』에서 "생의 마지막 순간에 바다와 하늘과 별 또는 사랑하는 사람들을 한 번 더 볼 수 있게 해 달라고 기도하지 마십시오. 지금 그들을 보러 가십시오."라고 말한다. 그리고 삶의 비극은 '인생이 짧다는 것이 아니라 정말 중요한 것이 무언인가를 너무 늦게 깨닫는다는 것'에서 비롯되며, 오늘 우리가 불행한 이유는 삶의 복잡성 때문이 아니라 그 밑바닥에 흐르는 단순한 진리들을 놓치고 있기 때문이라고 한다.

엘리자베스 퀴블러 로스는 "우리는 대부분 행복을 어떤 사건이 가져다주는 것으로 생각하지만, 실제로 행복은 우리 주위에서 진행되는 일과 별 관계가 없는 마음의 상태입니다."라고 말한다. 행복은 복권에 당첨되거나 아름다운 몸매를 갖고 주름을 제거하는 데서 얻어지는 것이 아니기 때문이다. 다음 분기 영업실적이 오르면, 승진을 하면, 사랑하는 사람과 결혼을 하면, 아이가 명문대에 진학하면 …… 행복해 질 것 같아도 이런 식의 기쁨은 오래 가지 않는다. 진정한 행복은 주변에서 일어나는 모든 일을 긍정적인 의미로 받아들이고 감사할 수 있을 때, 자신의 깊은 마음을 인식하고 느낄 때에만 가능하다.

그래서 인류의 지혜를 대표하는 수많은 성인(聖人)과 현자(賢者)들이 공통되게 설해 온 가르침이 "깨어있으라"는 것이다. 그것은 스승이 강의를 할 때 졸지 말라거나 수면시간을 줄이라는 말이 아니다. 눈에 보이는 감각적 세계에 매몰된 무의식적 습관의 중독 상태에서 벗어나 자신의 본래적인 상태인 무한한 사랑과 자유의 삶을 살라는 것이다. 우리가 '깨어나는 것'은 자신이 본질적으로 무한능력의 존재이며 자신이 경험하는 모든 것들이 자신이 창조한 것이라는 사실을 분명히 인식할 때 비로소 가능하다. 그리고 그러한 인식으로 우리를 이끌어주는 가장 탁월한 방법이 '명상'이다.

깨어있는 삶을 위한 명상

앞에서 살펴본 것처럼 마음의 평화를 누리는 것은 물론 일에 대한 열정을 불러일으키고 탁월한 판단력을 발휘하며 창조적인 아이디어를 내는 모든 일들이 명상을 통해 가능하다. 하지만 결국 중요한 것은 명상을 일상생활에서 실천하는 일이다. 명상에 관한 지식만으로는 아무 것도 얻을 수 없기 때문이다. 그러면 바쁜 하루 일과를 보내는 직장인이 실천할 수 있는 가장 좋은 명상법은 무엇일까?

2003년 8월 4일자 「타임」은 누구라도 쉽게 접근할 수 있는 명상법을 소개하고 있는데 그 방법은 다음과 같다.

① 조용한 곳을 찾아간다. 필요하다면 불도 끈다.

② 눈을 감는다.

③ 소리나 리듬을 반복하며 위안을 찾게 되는, 자신에게 의미 있는 단어나 구절을 고른다.

④ 그 말을 되풀이한다.

이 명상법은 아주 단순하지만 다양한 집중명상법의 핵심을 담고 있는 탁월한 방법이다. 다만 여기서 ③에 해당하는 내용이 무엇이냐에 따라 명상의 수준이 천차만별이 된다. 이 단계에 적용할 수 있는 가장 뛰어난 명상의 글은 다음 장에서 소개하겠다.

전 세계에 수없이 많은 명상의 방법이 있지만 명상의 본질은 '좋은 생각에 몰입하는 것'이다. 습관적인 생각에 따라 좀비처럼 반응하는 것이 아니라 가장 바람직한 생각을 의식적으로 선택해 가장 좋은 느낌을 불러일으키는 것이다. 그리고 모든 것에 감사하는 마음으로 자신에게 주어진 일을 즐겁게 하며 산다. 이것이 '깨어 있는 삶'이다. 죽어서 가는 천국을 바라는 것이 아니라 이미 와 있는 천국을 '지금 이곳에서' 느끼는 것이다. 그러면 환경의 지배를 받으며 힘겹게 일하는 삶이 아니라 자신이 바라는 환경을 창조하여 누리는 기쁨의 삶을 살게 된다.

이러한 명상의 원리와 효과는 영적인 스승이라 불리는 성자들의 가르침에만 나오는 이야기가 아니다. 이제는 내로라 하는 현대 물리학자들이 앞다투어 주장하는 내용이다. 오레곤 대학의 명예 물리학 교수인 아밋 고스와미(Amit Goswami)는 말한다. "현실의 창조자가 되기 위해서 우리는 명상을 통해 특별한 의식 상태에 이르러야 한다." 그리고 미국 항공우주국(NASA)의 에드가 미첼(Edgar Mitchell)은 이를 다음과 같이 설명한다. "의식 그 자체는 가장 근원적인 것이며 에너지와 물질은 의식의 산물이다. 만일 우리가 진짜 모습에 고개를 돌린다면, 그리고 스스로를 물질적인 경험을 창조하는 불멸의 존재로 바라보고 의식이라고 부르는 존재의 차원과 하나가 된다면 우리는 세상을 아주 다른 방향으로 바라보고 창조하기 시작할 것이다."

명상은 이제 더 이상 '신비'가 아니라 '과학'이다. 최근 북한이탈주민 지원재단 포럼에서 만난 서울대학교 의과대학 정신과 김석주 교수도 "명상의 효과에 대해서는 방대한 양의 신뢰할만한 과학적 실험결과들이 있기 때문에 따로 검증할 필요가 없다."고 한다. 이제 남은 문제는 어떻게 명상을 실천하여 '깨어있는 삶'을 사는가 하는 것이다.

명상을 하는 다양한 방법들

> 명상은 더 이상 신비가 아니라 증명된 과학이다.
>
> — 「타임」

명상은 보편적인 자기계발법이다

'명상(冥想)'을 의미하는 영어 'Meditation'은 원래 '무엇인가에 대해 곰곰이 생각하는 것'을 의미했다. 그러다 동양의 수행법이 서양에 전래되면서 '조용히 눈을 감은 상태에서 정신집중과 깊은 호흡을 하는 행위'라는 뜻도 갖게 되었다. 초기에는 주로 인도의 힌두교나 불교의 명상법을 지칭하는 말로 쓰였지만, 이후 점차 그 의미가 확장되어 오늘날에는 다양한 종류의 심신수련법을 총칭하는 말로 쓰이게 되었다.

아직까지도 많은 사람들이 명상을 인도의 요가나 불교의 좌선 정도로만 생각하는데 그것은 오해다. 명상은 특정 종교의 전유물이 아닐 뿐더러 종교에만 제한된 의식도 아니다. 교회에서 '성만찬'을 하고, 절에서 '발우공양'을 하고, 유교에서 '제례'를 지내지만 '음식을 먹는 것'이 종교행위가 아닌 것과 마찬가지다. 명상은 만유인력의 법칙처럼 누구에게나 적용되는 마음의 과학을 활용하는 방법이다. 더욱이 물질문명의 발달과 함께 자기상실을 경험하고 있는 현대인들에게 명상은 영혼의 휴식과 마음의 치유, 궁극적인 자아실현의 길을 안내하는 탁월한 자기계발법이다.

명상은 아주 오랜 세월 동안 전 세계 거의 모든 종교에서 실천되어 온 보편적인 수행법으로 인류 공동의 정신문화유산이다. 고대부터 유대교에서는 선지자들과 랍비(현자賢者)들이 신과 교통하기 위해 '카발라(Kabbalah)'라는 명상을 했으며, 기독교에서도 초기부터 명상의 방법으로 성경말씀을 깊이 생각하는 '묵상기도'와 고요히 신의 현존을 느끼는 '관상기도'를 함께 해왔다. 이슬람교에서도 많은 '수피(Sufi, 이슬람 신비주의자)'들이 신을 직접 체험하기 위한 명상수행을 해왔다. 중국의 도교에서도 불로장생을 얻기 위한 단전호흡과 고도의 정신집중을 이용한 명상수련을 했으며, 사회적 윤리를 중시하는 유교에서도 외부의 유혹에서 벗어나 본래적 도덕성을 회복하기 위한 명상법을 사용했다.

마음의 신대륙을 발견한 서구인들

원래 각 종교의 수도자들 사이에서 은밀하게 전승되던 명상이 20세기에 들어서 큰 변화를 맞게 되었다. 서양인들이 동양의 정신문화와 명상에 관심을 갖기 시작하면서 깊은 산중과 수도원에서 실천되던 명상이 세속사회로 내려온 것이다. 인도의 요가수행자들이 미국과 유럽을 방문하면서 서구

사회에 명상의 방법이 알려졌고, 일본의 선승들도 선불교의 참선 명상법을 소개하기 시작했다. 이와 더불어 근대 서양문명의 대안을 찾는 진보적 지식인과 학생들 사이에 동양의 종교와 수행법에 대한 관심이 증가하면서 명상은 일반인들에게 널리 전파되었다.

만트라(진언眞言, 주문呪文)를 활용한 '초월명상법(TM: Transcendental Meditation)'의 창시자인 마하리시 마헤시 요기(Maharishi Mahesh Yogi)는 비틀즈의 스승으로 유명해졌고, 고대 탄트라(밀교密敎)를 현대화하여 성(性)에 대한 파격적 가르침을 펼친 라즈니쉬(Rajneesh)에 매료된 사람들도 많았다. 종교 전통에 매이지 않고 내적 탐구를 통해 진리에 접근하는 '자기로부터의 혁명'을 부르짖은 크리슈나무르티(Krishnamurti), 중국의 침략으로 망명길에 올라 티벳 명상법을 전수한 달라이 라마(Dalai Lama), 베트남전쟁 중 반전운동과 명상을 결합시켜 실천적 명상가로 이름을 드높인 틱 낫한(Thich Nhat Hanh) 등 동양의 구루(Guru, 정신적 스승)들이 서양인들의 마음을 사로잡게 되었다.

명상에 대한 관심이 점차 증가하자 명상이라는 신비의 보물상자 안에 들어있는 심리적, 생리적 메커니즘을 과학적으로 밝히려는 시도들이 나타나기 시작했다. 그 결과 명상이 정신적 스트레스를 완화시켜주고 신체의 긴장을 풀어주는 이완효과가 있다는 연구결과들이 쏟아져 나왔고, 명상을 실용적 관점에서 접근하는 사람들이 늘어났다. 초기에는 동양의 정신문화에 대한 호기심에서 출발한 명상이 점차 실용적 관심으로 전환된 것이다.

특히 건강과 미용 차원에서 요가(신체훈련 중심의 하타요가)가 폭발적인 인기를 얻어 크게 유행하게 되었고, 최근에는 중국의 태극권도 상당한 인기를 끌고 있다고 한다. 더불어 자기성찰과 정신집중을 통해 마음을 수행하는 명상도 서양인들의 생활에 점점 더 깊이 파고들고 있다. 곳곳에 명상센터가 생겼고, 교외나 산중의 명상센터는 분주한 일상을 벗어나조용히 휴식을 취하며 명상을 하려는 사람들로 붐빈다.

뉴욕에서 살다 최근 귀국한 지인도 "뉴욕 시내에도 요가나 명상 프로그램을 하는 곳이 정말 많아요. 제 친구들도 대부분 요가와 명상을 하는 걸요."라며 그곳 분위기를 전한다. 15세기 말 서구인들이 대서양을 건너 눈에 보이는 신대륙을 발견했다면, 20세기 말 서구인들은 명상을 통해 눈에 보이지 않는 마음의 신대륙을 발견한 것이다.

명상을 응용한 치유 프로그램

근래에는 '웰빙(Well-being)'의 유행으로 명상에 대한 수요가 더욱 늘고 있는데, 단순히 웰빙의 차원에서만이 아니라 정신적 육체적 질병을 치료하는 데도 널리 응용되고 있다. 최근 미국의 심리치료계에서 주류를 이루는 '게슈탈트(Gestalt) 심리치료'는 신체와 정신 그리고 환경을 서로 불가분의 관계에 있는 통합적이고 유기적인 존재로 이해하는 도가와 선사상, 명상법을 기반으로 탄생되었다. 심지어는 가장 실증적인 태도를 고집하는 인지행동 심리치료에서도 위파사나(관찰) 명상이 심리치료에 미치는 효과에 주목하고 있을 정도다.

명상은 정신질환뿐만 아니라 일반적인 질병의 치료에도 응용되고 있다. 그 중에서 존 카밧 진(Jon Kabat Zinn)은 위파사나 명상법을 서양인들의 체질에 맞게끔 개선한 MBSR(Mindfulness-Based Stress Reduction: '주시注視' 혹은 '마음챙김' 명상을 활용한 스트레스 완화) 프로그램으로 수많은 환자들을 치료해 명성을 떨치고 있다. 현재 그의 MBSR 프로그램은 미국 전역 수백 개의 대학병원과 개인 클리닉에서 치료에 사용되고 있고, 최근에는 우리나라 병원들도 본격적으로 도입하고 있다.

동양의 명상을 서구 문화에 맞게 재해석하고 응용하려는 시도는 명상의 원리를 이용해 서구적인 스타일의 새로운 명상법 개발로 이어졌다. 1960년대에 호세 실바(Jose Silva)가 창안한 '마인드 콘트롤'이나 1980년대 해리 팔머의 '아바타' 프로그램 등이 바로 그것이다. '마인드 콘트롤'이 뇌파와 최면술 및 명상의 상관관계에 착안해 개발한 일종의 '자기암시 프로그램'으로 잠재능력 개발에 더 많은 초점을 두고 있는 반면, '아바타' 코스는 사람은 자신이 믿는 것을 경험한다는 전제 아래 자신의 숨겨진 신념체계를 조율하는 '의식개발 프로그램'으로 삶의 창조성을 높이는 데 더 큰 비중을 두고 있다.

집중명상과 관찰명상

이렇게 다양한 명상법과 응용프로그램들이 있지만, 명상의 방법은 크게 '집중명상'과 '관찰명상'이라는 두 개의 부류로 나누어 볼 수 있다. 이를 명상의 양대 산맥이라고 한다면 전 세계 각 지역의 명상법은 이 중 한 가지만, 혹은 두 가지 방법 모두를 혼용해 발전시켜온 것이라고 볼 수 있다.

'집중명상'은 하나의 대상에 집중함으로써 산란한 마음을 고요하게 하는 명상이다. 일반적으로 행해지는 모든 정신집중법을 포함하는 것으로, 특정한 이미지나 문구 등 특정한 대상에 의식을 집중해 내적 황홀경이나 지고의 평화와 고요를 체험하는 것을 말한다. 반면에 '관찰명상'은 여러 가지 현상들을 관찰하는 것이다. 마음을 한 가지 대상에 집중해 고요를 얻기보다는 지금 당장 지각되는 여러 현상들을 관조함으로써 통찰력을 얻는 것이다.

고도화된 명상을 종교수행의 근간으로 하는 불교에서는 이를 '사마타(집중명상)'와 '위파사나(관찰명상)'라고 부르는데,

사마타와 위파사나는 둘 다 마음을 각성시키는 것을 위주로 하는 수행법이다. 우리나라는 집중명상에 해당하는 '간화선(看話禪)'이 주류를 이루고 있는데, 이는 스승이 제시한 '화두(話頭)'에만 생각을 집중하고 지속적으로 그 뜻을 의심해 문득 깨달음에 이르는 방법이다. 그러나 최근에는 '몸과 마음에서 일어나는 모든 것'을 관찰해 변화를 알아차리고 그것의 무상(無常)함을 인식해 깨달음에 이르는 위파사나에 대한 관심이 높아지고 있다.

집중명상에서는 일단 한 가지 집중대상을 정하면 다른 것에 관심을 두거나 인식대상을 바꿔서는 안 된다. 그것에만 몰두해야 한다. 그러면 빠르게 정신이 집중되어 마음의 평화와 고요함을 느낄 수 있게 된다. 그러나 관심이 그 대상을 떠나면 그 평화로움과 고요함이 지속되지 않고 마음이 다시 산란해진다. 이것이 집중명상의 단점이다. 잡다한 일상업무를 하며 수시로 관심의 대상이 바뀌는 생활인들에게는 하나의 대상에 오래도록 집중하는 것이 쉽지 않기 때문이다. 그러나 집중명상을 꾸준히 해 일정 수준을 넘으면 새로운 차원의 높은 의식에 도달할 수 있다.

반면 관찰명상은 대상이 한 가지로만 정해져 있지 않다. 관찰명상의 대상은 지금 이 순간에 내가 인식할 수 있는 모든 것들이다. 그것은 깔고 앉은 방석이나 시계소리가 될 수도 있고, 호흡이나 아랫배의 움직임일 수도 있다. 졸음이 오면 졸음이, 가려우면 가려움이 대상이 되고, 다리 저림이나 통증, 불쾌했던 기억, 미래에 대한 걱정, 명상이 잘 안 될 때의 속상함 등이 모두 명상의 대상이 된다. 이런 점에서 관찰명상은 끊이지 않고 정신집중을 지속할 수 있는 장점이 있지만, 이 모든 과정에서 각성된 의식을 유지하며 마음을 챙겨야 하는 어려움이 있다.

명상의 목적

원칙적으로 집중명상과 관찰명상 중 어느 것이 더 낫고 어느 것이 더 못하다고 말할 수는 없다. 그것은 명상을 하는 사람의 성향과 의식수준에 따라 제각기 다른 결과를 내기 때문이다. 그리고 각각의 명상법은 사용하기에 따라 상호보완적인 역할을 할 수도 있다. 그러나 중요한 것은 명상의 대상이나 방법이 아니라 '명상의 목적'이다. 명상의 방법에 몰두하느라 명상의 목적을 잃어버린다면 그 모든 노력이 무슨 소용 있겠는가? 중앙일보 백성호 기자는 '간화선(看話禪)과 위파사나의 만남(2011. 4. 21. 기사)'에서 이 점을 잘 설명하고 있다.

가령 미운 오리새끼가 있습니다. 그는 본래 백조입니다. 그러나 '나는 오리다. 오리가 실제 있다.'고 생각하며 살아갑니다. 그게 바로 착각이죠. 그럼 착각의 산물인 오리는 실제로 있는 걸까요? 맞습니다. 없는 겁니다. 그리고 '나는 오리다'라는 착각도 본래 있는 걸까요, 없는 걸까요? 그렇습니다. 본래 없는 겁니다. 그럼 실제 있는 건 뭘까요? 맞습니다. 백조만 있는 겁니다. 그래서 '나는 백조다. 본래 부처다.'만 남는 겁니다.

진정한 수행이란 뭘까요? 그건 '오리가 있다'는 착각을 걷어내는 일입니다. 위파사나 수행은 호흡을 통해서, 간화선 수행은 화두(話頭)를 통해서 '나는 오리다'라는 착각을 걷어냅니다. 그러니 호흡과 화두가 중요한 게 아닙니다. '착각을 걷어내느냐, 걷어내지 못하느냐'가 중요한 겁니다. 수행을 통해 오리를 '착! 착!' 걷어낼 때마다 오리(착각)에 가려져 있던 백조의 이치가 '탁! 탁!' 모습을 드러내는 겁니다. 그런 이치가 우리의 삶을 자유롭고 평화롭고 행복하게 하는 겁니다.

위파사나 수행은 오리의 눈, 코, 입, 머리, 날개, 깃털, 다리, 물갈퀴, 발톱까지 마디마디 분석해서 '오리가 없다'는 걸 확인해 갑니다. 반면 간화선은 '오리가 통째로 없다'는 걸 단박에 보려는 식입니다. 위파사나는 지나칠 정도로 자세하고, 간화선은 지나칠 정도로 간결합니다. 그래서 서로가 서로에게 '좋은 긴장감'을 안겨줍니다. 중요한 건 우리가 정말로 행복해지는 거니까요.

백성호 기자의 말대로 명상의 목적은 행복한 삶이다. 부처로서, 신의 자녀로서, 혹은 우주적인 생명으로서 진정한 자기의 본질을 회복하는 것이다. 자기의 본질이 사랑과 자비, 즐거움과 행복 자체라는 것을 발견하여 그것을 삶으로 표현하는 기쁨을 누리는 것이다. 그것을 '깨달음'이라고 하든 '구원'이라고 하든 '진정한 자아실현'이라고 하든 상관없다. 중요한 것은 조건에 영향을 받지 않는 '완전한 행복'을 눈에 보이는 삶으로 실현하는 것이다. 그것이 이미 와 있는 천국, 극락정토(極樂淨土)에 사는 것 아니겠는가!

위대한 나를 느끼는 명상

내가 바라던 그 사람이 되어가는 것,

매일매일 새로운 감동을 느끼는 것,

이보다 더한 행복이 있을까?

가장 효과적인 명상법은?

그럼 도대체 어떤 방법으로 명상을 해야 할까? 요즘은 기독교에서도 명상을 활용한 '묵상기도'와 'QT(Quiet Time, 경건의 시간)'에 대한 관심이 커지고 있다. 그러나 우리나라에 가장 잘 알려진 방법은 단전호흡과 같이 도교에 뿌리를 두고 있는 전통적 기(氣)수련 방법이다. 이 명상법은 대기업 총수 등 사회고위층의 관심과 지원으로 기업체와 공공기관을 중심으로 널리 보급되었다. 그리고 최근에는 불교의 위파사나를 응용한 '마음챙김 명상(MBSR)'이 큰 호응을 얻고 있고 '템플스테이(Temple Stay)' 프로그램에 참여하는 사람들도 늘고 있다.

이런 명상 프로그램에 참여한 사람들은 대개 스트레스가 감소하고 건강이 회복되는 등의 효과를 체험한다. 그러나 명상을 통해 얻게 되는 최고의 성취는 집중력 향상이나 미용 효과같이 부분적인 삶의 변화나 일시적인 상태의 호전이 아니다. 명상은 '깨달음' 혹은 '완전한 자아실현'이라고 할 수 있는 '지속적으로 행복한 삶'을 가능하게 해 준다. 환경이나 조건에 매이지 않는 거침없는 자유의 삶, 생각하는 대로 성취하는 삶, 진정으로 다른 이들을 돕는 기쁨의 삶을 살게 되는 것이다.

이를 위해 불교에서는 화두에 집중하는 간화선과 몸과 마음을 관찰하는 위파사나 명상을 해왔다. 그러나 이 방법들은 직장과 가정에서 일을 해야 하는 생활인들에게는 실천하기도 어렵고 근본적인 삶의 변화를 일으키기도 어렵다. 앞에서 백성호 기자가 지적한 것처럼 '위파사나는 지나친 정도로 자세하고 간화선은 지나칠 정도로 간결'하기 때문이다. 오랜 시간 별도의 수행으로 위파사나에 통달한 사람이라면 모를까, 직장생활을 하면서 시시각각 변하는 신체의 감각과 반응, 마음에 떠오르는 생각과 느낌들을 하나하나 관찰하는 것은 불가능하다. 그리고 당장 처리해야 할 업무가 즐비한 상황에서 화두 하나에만 집중하다가는 아무 일도 못할 것이다.

그러나 무엇보다 가장 큰 문제는 명상의 궁극적 목표인 '진정한 자아의 발견과 실현'이 어렵다는 것이다. 오리의 눈, 코, 입, 머리, 날개, 깃털, 다리, 물갈퀴, 발톱까지 마디마디 분석해서 '오리가 없다'는 걸 확인해 가는 동안 자기 실체인 백조는 보이지 않는다. '오리가 통째로 없다'는 걸 단박에 보려는 간화선은 더욱 어렵다. 오리의 눈과 코, 입조차도 더듬어보지 않고 오직 '이것이 무엇인가?'라는 화두에 매달려야 하니 어두운 방안에서 불이 들어오기를 기다리는 것처럼 답답하다. 한마디로 비전(Vision) 혹은 아웃풋이미지(Out-put Image)가 선명하지 않기 때문에 지속적 동기부여가 되지 않는 것이다.

그보다는, 이미 자신이 백조라는 사실을 발견한 선각자가 아직도 자기를 '미운 오리새끼'라고 여기는 백조에게 "너는 오리가 아니라 백조야."라고 말해 주는 것이 가장 쉽고 효과적인 방법이 아닐까? 이미 깨달음을 얻은 위대한 성자들이 있고 그분들이 발견한 '참된 자아'에 대한 가르침이 있는데,

우리는 왜 각자 그 과정을 처음부터 다시 시작하며 암중모색을 해야만 하는가? 이미 문제를 해결한 분들의 답안지를 보고 따라서 하는 것이 지혜롭지 않겠는가?

생각을 전환하는 명상의 글

어떤 수행자가 나무 그늘에 앉아 명상을 하려다 문득 갈증을 느껴 제자에게 물을 떠오라고 했다. 그러나 제자가 물을 떠왔을 때는 이미 그 수행자가 삼매에 든 다음이었다. 그 수행자의 삼매는 몇 년이나 지속되었다. 그리고 어느 날 삼매에서 깨어났을 때 그 수행자가 한 말은 무엇이었을까? 그건 "제자야, 물 어디 있냐?"였다고 한다.

자기 생각이 바뀌지 않으면 아무리 오랫동안 고요히 있어 봐야 아무 변화도 없다. 명상 자리에서 일어나는 순간 이전에 지녀온 습관적인 생각과 느낌에 다시 사로잡힐 것이기 때문이다. 관찰명상으로는 잡념을 제거하고 마음의 평화를 일시적으로 경험할 수는 있으나 무의식을 완전히 정화할 수는 없다. 그리고 영적인 자기 실체를 터득하거나 직관을 계발할 수 없다. 자기 본질에 대한 이해가 없이 수동적으로 관찰만 해서는 자신의 의식수준을 벗어날 수 없는 것이다.

그래서 명상의 핵심은 가장 좋은 생각, 가장 탁월한 생각으로 전환하여 몰입하는 것이다. 바람직한 생각으로 전환이 이루어지면 일상적인 정서가 밝아지고 생활의 모든 영역이 좋아지지 않을 수 없다. 그러면 '가장 좋은 생각'이란 무엇인가? 그것은 역사적으로 깨달음을 얻었다고 일컬어지는 위대한 성자들의 말씀, 자기의 본질을 체험적으로 터득한 멘토나 스승의 가르침, 그리고 주어진 삶의 현장에서 자신이 당장 떠올릴 수 있는 가장 긍정적인 생각이다. 그 생각을 철저히 하여 좋은 느낌을 불러일으키는 것이 명상이다.

예를 들어 예수의 가르침은 "신(神)은 사랑이시다"라는 것이다. '아버지'라고 부를 수 있는 신은 약육강식의 혈투가 벌어지는 사막에서 자기 민족만을 편들어 싸우는, 잔인한 군대의 신이나 질투하는 신이 아니다. 신은 사랑이다. 그리고 "신은 영이시니 예배하는 자가 영과 진리로 예배해야 한다." 사랑이며 영이신 신을 닮은 우리는 사랑으로 빚어진 영적 존재다. 그러므로 우리의 예배란, 사랑 자체인 신만을 생각하고 느끼며 이웃을 사랑하는 삶을 사는 것이다. 이것이 예수가 제시한 유일한 계명이고, 이것을 실천하는 것이 명상이다.

석가모니의 가르침은, 우리가 그것을 자각하든 못하든 우리 모두는 이미 부처(Buddha, 깨달은 자)라는 것이다. 그리고 부처의 본질인 불성(佛性)은 '상락아정(常樂我淨)'이라고 한다. 우리는 '영원한 즐거움이며 무한하고 순수한 존재'라는 것이다. 나아가 대승불교에서는 우리가 깨달음 의식으로서의 지혜 자체이며, 불성의 다른 측면으로서 사랑과 자비라는 점을 강조한다. 그리고 힌두교의 성자들이 발견한 인간의 본질은 '실재(實在, Sat)-의식(意識, Chit)-지복(至福, Ananda)'이다. 우리는 '지극한 행복 자체로 존재하는 의식이며 그것만이 진실한 존재'인 것이다.

어떤가? 더 많은 내용을 열거하지 않고 여기까지만 살펴보아도 막연하게 생각되던 '진정한 나'의 실체가 보다 분명하게 느껴지지 않는가? 그러면 지금부터 '진정한 자아실현'을 먼저 성취한 분들의 가르침을 간추려 정리한 글로 명상을 시작해 보자. 이제는 어둠 속에서 벽을 더듬어 찾는 명상이 아니라 불을 켜고 확인하는 명상을 하는 것이다. 다음에 소개하는 글은 필자가 10년 간 명상을 해오는 중에 실제적인 삶의 변화를 가져다주었을 뿐 아니라, 여러 기업과 단체에서 교육을 실시해 탁월한 효과를 입증한 명상문이다.

'참나'에 관한 선언

육체는 공간적으로나 시간적으로나 유한하다.
그러나 이제 감각적 판단을 떠나 영원한 진실의 세계를 본다.

'참나'는 영원한 존재이며 영적인 실재이다.
언제나 기쁘고 평화롭게 존속한다.

깨달은 자가 자기의 무한한 능력을 인지했듯이
깨닫든 깨닫지 못하든, 이미 내게는 무한한 능력이 구비되어 있다.

'참나'는 한없는 사랑이기에 모든 존재에게 무한한 사랑을
베풀고, 또한 모든 존재가 나를 한없이 사랑한다.

본래 나는 지혜 자체이기 때문에 나는 모든 것이 '참나'임
을 통찰하고 모든 것이 '참나'를 안다.

나는 무한한 우주의 모든 존재와 일체이다.
그러므로 모든 존재와 나는 조화롭게 살아가며 즐거워한다.

나는 생명 자체이므로, 나에게 피곤이나 질병이나 나약함
이란 있을 수 없다. 일할수록 싱싱하고 힘찬 생명이 약동하
고, 남을 도울수록 즐거움이 용솟음친다.

내가 다가설수록 모든 존재가 한없는 생명력을 회복하며
모든 존재는 나를 언제나 생동케 한다.

아! 내가 이처럼 영원한 존재이며 무한능력의 존재임을 알게 된 것이 감사하다.
'참나'는 감사함 자체이다.

'참나에 관한 선언'을 활용한 명상법

명상의 방법은 앞에서 소개한 「타임」의 명상법으로 충분하다.

① 조용한 곳을 찾아간다. 필요하다면 불도 끈다.
② 눈을 감는다.
③ 소리나 리듬을 반복하며 위안을 찾게 되는, 자신에게 의미 있는 단어나 구절을 고른다.
④ 그 말을 되풀이한다.

다만 ③단계에 '참나에 관한 선언'을 사용하면 된다. 이를 각 단계별로 좀 더 자세히 설명해 보자.

①단계 : 가장 효과적인 명상시간은 잠자리에 들기 직전과 아침에 일어난 직후다. 이때가 깨어 있는 상태와 잠든 상태가 교차되면서 의식이 전환되는 시간이라 명상의 내용이 무의식에 가장 잘 녹아들 뿐 아니라 잠들어 있는 시간과 그날

하루 동안의 정서를 결정하기 때문이다.

가장 좋은 명상의 자세는 오랫동안 유지할 수 있는 단정하고 편안한 자세다. 책상다리를 하고 앉아서 허리는 똑바로 펴고, 두 손은 양쪽 무릎 위에 각각 올려놓고 손바닥이 자연스럽게 위를 향하도록 한다. 방석을 이용하는 경우에는 방석이 엉덩이 부분에만 닿게 하고 다리는 방석 앞에 내려놓아서 편안하고 자연스러운 자세가 되게 한다. 책상다리를 하는 대신 의자에 앉아 해도 좋다.

호흡도 자연스러운 것이 좋다. 복식호흡을 권장할 수도 있지만, 숨을 길게 쉬든 짧게 쉬든 호흡에 마음을 두지 않는 것이 좋다. 의도적으로 숨을 길게 쉬거나 짧게 쉬면 오히려 마음이 산란해진다. 호흡에 마음이 많이 쓰이면 잠시 관찰명상법을 활용해 호흡을 관찰하다가 마음이 가라앉은 뒤에 다시 '참나에 관한 선언'으로 돌아오면 된다. 신체적 감각이나 떠오르는 생각들은 저항하면 오히려 강화되고 주시(注視)하면 사라진다.

②단계 : 명상을 처음 하는 사람이라면 외부 상황에 자꾸 마음이 쓰여 명상에 집중이 되지 않을 수도 있다. 이때 눈을 감는 것은 시각을 차단하여 눈에 보이는 주변 환경에 영향을 받지 않고 명상에 몰입할 수 있도록 돕는다. 그러나 명상에 집중하는 데 방해가 되지 않는다면 반쯤 눈을 뜨고 하거

나 눈을 완전히 뜨고 해도 상관없다.

무엇보다 중요한 점은 마음가짐이다. 명상에 임하는 마음은 편안하고 즐거워야 한다. 비장한 각오로 명상을 하면 오히려 집중이 잘 되지 않는다. 편안한 마음이 되려면 더 이상 집착하거나 추구하는 것이 없어야 한다. 그러므로 일체의 바람을 내려놓고 쉬어야 한다. 심지어는 깨닫고자 하는 마음조차도 명상에 장애가 될 뿐이다. 명상한다는 생각을 버리고 '참나에 관한 선언'을 읽어보라. 진짜 내가 이런 존재라니 얼마나 좋은가! 그 느낌으로 입가에 잔잔한 미소를 띠고, 자리에 편안히 앉는 것만으로도 충분한 명상이 된다.

③단계 : 뜻도 모르는 주문을 외우는 것보다는 자신이 그 내용을 이해하고 일상적인 정서보다 고양된 느낌을 느낄 수 있게 해 주는 글이나 문구를 암송하는 것이 좋다. '참나에 관한 선언'은 영적인 스승들의 가장 탁월한 자기선언을 모아 놓은 것으로 명상의 효과를 극대화한다.

④단계 : 처음 명상을 시작하는 사람이라면 명상문의 내용에 일치하는 깊은 느낌을 일으키면서 천천히 소리 내어 두 번 이상 읽는다. '참나에 관한 선언'을 반복해서 읽다 보면 저절로 외워지는데, 그러면 눈을 감고 명상을 하면서 보다 깊은 느낌을 일으킬 수 있다.

명상을 시작한 지 얼마 되지 않아 눈을 감고 명상을 하면 수많은 생각들이 한꺼번에 일어나 휘몰아치는 바람에 놀랄 수도 있다. 끊임없이 일어나는 생각들을 도저히 통제할 수 없어 집중명상을 하려던 마음이 오히려 방랑하게 되기도 한다. 이럴 때는 연속적으로 떠오르는 생각들을 억누르거나 피하지 말고 '폭포수를 바라보듯' 지켜보다가 방랑하는 마음을 알아차리는 순간 다시 '참나에 관한 선언'으로 돌아오면 된다.

그러나 명상을 꾸준히 반복하다 보면 무의식이 정화되면서 고요하게 집중하여 탁월한 정서에 몰입하게 된다. 그리고 이때부터 일상적인 생활도 근본적으로 변화되기 시작한다.

삶의 현장에서

명상은 좋은 생각에 반복적으로 몰입하는 것이다. 그리고 그때 일어나는 좋은 느낌을 내면화하여 탁월한 삶을 사는 것이 생활 속의 명상이다. 그러므로 자신이 일하는 삶의 현장에서도 좋은 성과로 빛을 발할 때에야 비로소 진짜 명상이라고 할 것이다. 이렇게 생명력 있는 명상을 하려면 집중과 단순성이 필요하다. 잡다하고 산만한 생각들로는 마음의 평화도 현실적 성취도 이룰 수 없기 때문이다. 27세의 스티브 잡스도 명상에 관해 이렇게 말했다. "내가 반복해서 외우는 주문 중 하나는 '집중(Focus)'과 '단순성(Simplicity)'이다. 일단 생각을 단순하게 만들 수 있는 단계에 도달하면 신도 움직일 수 있다."

명상을 하면서도 알 수 없는 미래에 대해 불안과 걱정이 생길 수 있다. 그리고 심한 경우 두려움을 느낄 수도 있다. 그러나 그럴 때마다 눈에 보이는 현실에 사로잡히지 말고, 내가 간절히 바라는 삶의 목표에 집중해야 한다. 그리고 진짜 나의 본질이 기쁨과 평화, 무한능력이라는 가장 좋은 생각에 집중하고, 그 느낌을 내면화하는 명상을 철저하고 꾸준하게 해야 한다. '참나에 관한 선언'이 한 글자도 남지 않고 삶으로 변할 때까지 말이다.

아침이 변한 사람들

어느 날 아침 일찍 필자에게 문자메시지가 도착했다.

얼마 전까지만 해도 아침에 눈을 뜨면 "아유, 피곤해!" 하면서 힘들어했는데, 요즘은 교육에서 배운 대로 눈을 뜨면 바로 "난 생명이며 난 평화이고 난 기쁨이다. 일을 하면 할수록 힘찬 생명이 약동한다." 하면서 내가 싱싱한 몸이라는 것을 느끼고 하루를 시작해요. 그래서 하루가 힘차고 일이 집중이 잘 되고 주변 사람들도 예뻐 보여요.^^ 오늘도 감사!

문자메시지를 보낸 이는 2012년부터 경기복지재단에서 개발해 진행하는 〈힐링: 마인드혁신과정〉 1기로 참여했던 사회복지사 김광순 선생님이셨다. 경기도 오산에 있는 경산복지재단 주거제공시설인 '새동네'에서 정신분열증 환자들의 치료를 돕고, 퇴원한 환자들의 취업과 독립을 지원하는 업무를 맡고 계신 분이다. 정신분열증 환자들에게 엄마와 선생님의 역할을 하면서 스스로 '늘 깨어있어야 한다'는 생각을 하셨는데, '참나에 관한 선언'을 꾸준히 읽고 명상을 하면서 언제나 맑은 의식으로 활기찬 생활을 하시게 되었다고 한다.

정말 반가웠다. 교육 내내 강의를 적극적으로 경청하고 명상실습시간에 누구보다 깊게 몰입하시더니 즉시 명상을 실천해 그 효과를 체험하고 계셨다. 사실 명상프로그램을 진행한 지 10년 가까이 되고 보니 이와 같은 사례들은 이제 여러 권의 책으로 엮을 수 있을 만큼 많다. 피부트러블이 사라진 선생님, 오십견(伍十肩)이 치료된 연구원, 심지어는 시력이 좋아져 안경을 벗게 된 분들도 여럿이다. 건강한 육체에 건전한 정신이 깃드는 것이 아니라 건강한 마음에 싱싱한 육체가 나타나는 것이다.

한번은 아주 특별한 이메일을 받았다. 교육에 참가했던 한 연구원이 강의를 한 지 100일이나 지난 뒤에 이메일을 보낸 것이다. 강의나 코칭을 한 당일이나 다음날 문자나 이메일을 받는 일은 종종 있었지만, 이런 일은 처음이었다. 무엇보다 명상에 문외한이던 한 직장인이 '참나에 관한 선언'으로

100일간 명상을 하면서 생활이 놀랍게 변했다는 소식에 얼마나 반갑고 기뻤는지 모른다. 처음 명상을 시도하는 분들께 참고가 될 것 같아 본인의 허락을 받고 이메일 전문을 소개한다.

안녕하세요, 김필수 이사님.

지난 2월 26일 LIG Nex1 NICE Academy 과정 1일차에서 'Click! 무한능력과정'을 수강한 조임현이라고 합니다.
그동안 잘 지내셨는지요?
이사님께 강의를 듣는 동안 너무나 즐거웠고 많은 것을 배울 수 있어 인생에서 좋은 전환점이 되었습니다. 과정을 듣고 와서 얼굴이 밝아져 오고, 무슨 일이든 할 수 있을 것 같다고 말하는 후배사원들을 보면서 저도 흐뭇하고 즐거워집니다.
과정을 마치고 나서 저는 매일 아침 '참나에 관한 선언'을 읽기 시작했습니다. 큰 소리로 낭독하면 머리가 맑아지고 하루가 힘차게 열리는 것 같아 하루 이틀 계속하다 보니 어느덧 100일이 지났습니다. 분석해보니 지난 100일 동안 97번을 실천했더군요. 100% 실천이 안 되어 아쉽기는 하지만 나름 꾸준하게 실천해왔다는 생각에 스스로 대견하게 생각되기도 합니다.

과정 후 100일 기념을 맞이해 제가 무엇을 했는지 궁금하시죠? '참나에 관한 선언'을 외웠답니다. ^^;

지난 100여 일 동안 제게 너무나 많은 변화가 일어났습니다. 정말로 좋은 분들을 만나 많은 가르침을 받고 깨달음을 얻고 있으며, 새로운 프로젝트들을 제 자신에게 그리고 제가 속한 조직에게 시도하고 있습니다. 저의 인식의 틀이 바뀌고 있는 것을 느끼고 있으며, 예전에도 있었으나 보지 못했던 것들을 새롭게 바라볼 수 있는 눈을 떠가고 있습니다. 이사님께서 "아이들이 커서 무엇이 되었으면 좋겠는가?"라는 질문을 하시고 스스로 이렇게 답변을 하셨죠. "나처럼 되었으면 좋겠다. 나처럼 삶의 의미를 찾고 행복했으면 한다." 그 말을 듣는 순간 저는 머리를 한 대 쿵, 맞은 느낌이었습니다. '나는 과연 그렇게 말할 수 있는가?'하고 스스로 묻는다면 저는 답을 할 수 없었기 때문이죠.

이제 만 2살이 되어가는 딸아이와 이제 곧 태어날 둘째에게 어떻게 교육을 하고, 어떤 아빠가 될 것인가 많은 고민이 되었는데 이사님께 그 해답을 받은 듯합니다. 요새 딸아이가 들은 단어를 그대로 따라 하는 것을 보며 바른 것을 보여주고 들려줘야겠다는 생각을 다시 한 번 하게 되고, 가르치기에 앞서 먼저 행동으로 보여주도록 노력해야겠다고 다짐해봅니다.

"나의 삶은 나의 생각들로 이루어진 집이다. 감기를 인정하면 감기가 발생한다."고 말씀하셨죠. 나름대로 열심히 변화해서 살고 있기에 올 봄은 감기를 안 걸리고 잘 넘어간다고 생각했는데, 5월에 덜컥 걸리고 말았답니다. 후배사원이 저보고 혁신이 덜된 것 같다고 농담을 하더군요.

스스로에게 아직 신념이 부족하나 보다 약간 실망이 들기도 했지만, 예전에는 감기 한번 걸리면 2주 정도 아팠는데, 이번에는 하루 정도 심하게 앓고 바로 회복단계에 들어서더군요. 살면서 이런 적은 한 번도 없었기에 약간은 신기하더군요. 감기에 걸리지 않기까지는 아직 부족하지만 나름대로 빨리 낫게 되는 단계까지는 이르렀나 보다 생각해봤답니다.

가끔 함께 과정을 들었던 후배사원과 이야기하다 보면 "회사에서 업무와 현실이 저를 다시 예전으로 돌아가게 만들어요."라는 말을 듣습니다. 그럴 때는 어쩔 수 없는 현실이 원망스럽기도 하지만, 그들에게 해답은 네 안에 있다고 말해주면서 자신감을 되찾도록 격려하고 있습니다. 지난달에는 같이 한 번 모여서 과정 이후 변화에 대해 한 번 이야기해봤는데, 앞으로 한 달에 한 번씩 모여 같이 이야기해보는 자리를 마련해 서로서로 격려하고, 그 힘을 잃지 않고 서로

밀고 추진해 나갈 수 있도록 해보려고 합니다.

"물을 99도까지 가열한 사람은 수증기의 존재를 모르나, 물을 한 번 끓여본 사람은 물이 땅으로 떨어지지 않고 하늘로 날아가는 것을 안다."고 말씀하셨죠. 제가 느끼고 생각하고 배웠던 것들을 바로 주변에서 발견하게 될 때, 정말 스스로에게 놀라지 않을 수가 없었습니다. 신기하고 기묘한 경험이기도 하지만, 바로 이것이 '인식의 변화'라고 서울종합예술학교 신상훈 교수님께서 말씀하시더군요.

제가 서두에서 말씀드린 새로운 프로젝트라는 것이 무엇인지 궁금하셨죠? 바로 책을 쓰는 일입니다. 주제는 '펀(Fun) 경영'입니다. 엔지니어인 제게 어떻게 보면 황당한 시도일 수도 있을 것입니다. '펀 경영'에 관해 책을 쓰기 위해 관련 서적을 읽고 공부하고 자료를 수집하고 있습니다.

처음 생각했을 때보다 많은 양의 독서와 공부, 실행이 필요하다는 것을 느끼고 있고, 책의 소재로서 적당한가 의문도 들고, 과연 될 수 있을까 의문이 들면서 망설여지기도 합니다. 하지만 "너의 눈앞에 장애물이 보인다면 그것은 네가 목표에서 눈을 뗐다는 증거다."라는 말씀을 되뇌어보며 목표를 성취했을 때의 모습과 기쁨을 뚜렷이 상상하려고 힘쓰고 있습니다.

올해 저희 연구센터에서 제가 조직 활성화를 담당하고 있어 제가 생각한 것들을 실험해볼 수 있는 좋은 위치에 있습니다. 그래서 이미 여러 가지 실험들을 진행하고 있는데, 앞으로 더 많은 고민과 실행이 필요하겠죠.

지난 100일 동안 많은 변화를 할 수 있는 힘을 주셨음에 다시 한 번 감사드립니다.

저는 스스로에게 무척 궁금합니다. 과연 앞으로 더 어떻게 변화하고, 어떤 일들이 일어나게 될지 기대되고 설렙니다.

이 모든 변화에 자신을 맡기고 실험해 보고자 합니다.

긴 글 읽어주셔서 감사합니다.

오늘 하루도 기쁘고 즐겁고 행복한 하루 되세요.

－ 춤추는 돌고래 조임현 드림

명상은 일단 무심코 살아온 삶을 잠시 멈추는 것이다. 그리고 '멈추면 비로소 보이는 것들'이 있다. 그러나 여기에 그쳐서는 안 된다. 우리는 다시 달려야 하기 때문이다. '멈추었을 때 본 것'을 달리면서도 볼 수 있어야 한다. 명상하려고 앉는 자리와 명상을 마치고 일어나는 자리는 달라야 한다. 명상은 잠시 멈추었다가 다시 출발점으로 돌아가는 것이 아니라 최고의 목표를 미리 경험하는 것이기 때문이다.

일곱 살에 하반신 마비를 겪고 3급 장애로 살아온 나는 '참나'가 무엇인지 전혀 모르고 30대 중반이 되었다. 그러나

'참나에 관한 선언'으로 명상을 꾸준히 하던 어느 날 아침, 잠자리에서 일어나는 것이 이렇게 가볍고 상쾌할 수 있다는 것을 처음 알았다. 그리고 그 이후로는 '장애인의 아침'이 '기쁨의 아침'으로 변했다. 그렇다. 명상은 잠깐 멈추는 '포즈 버튼'이 아니라 완전한 '참나'로 회복시켜 주는 '리셋 버튼'이다.

묵상의 글

인(仁)은 어짊을 방사하고 어짊만 인식한다.
생명은 생명을 방사하고 생명만 인식한다.
사랑은 사랑만 방사하고 사랑만 인식한다.
지혜는 지혜만 방사하고 지혜만 인식한다.

'당신'은 '나'입니까?
당신을 생각하고 또 생각하는 나는 당신을 느끼는 마음으로 가득 차 있습니다. 이럴 때 '나'는 '당신'입니다.

'나'가 진심으로 느끼는 깊은 '의식'은 바로 '나'입니다.
진리, 즉 생명으로 가득한 내 마음은 진정한 '나'입니다.
무한한 자비, 영원한 생명, 완전한 평화 그 자체입니다.

어설픈 것은 진짜처럼 보여도 가짜입니다.
깊은 마음으로 보이지 않는, 육안으로 보이는 사람이 자기를 사랑한다 해도 그것은 가짜입니다. 그것은 관념이라는 자기의 생각일 뿐이기 때문입니다. 관념이라는 생각이 사라졌을 때 진정한 하늘나라, 참 생명, 진짜 나의 세계가 전개됩니다.

아! 고맙습니다. 진짜를 알게 되어서 감사합니다.

生活 속의 명상, 명상 속의 생활

자기의 탁월성에 몰입하라

한 인간을 변화시키기 위해 필요한 것은
자기 자신에 대한 자각의 변화다.

― 아브라함 매슬로우(Abraham Maslow)

호칭 하나 바꿨을 뿐인데

미국의 어느 트럭 운송회사가 배송 관련 실수가 많이 발생
하자 이를 개선하려는 프로젝트를 실행했다. 개선 방법은 트
럭 운전사들에 대한 호칭 변경이었다. 기존에 '운전사'로 부르

던 호칭 대신에 '마스터'라는 호칭으로 바꾸어 부르도록 조치를 한 것이다. 그러자 놀라운 변화가 일어났다. '마스터'라는 호칭으로 변경한 지 한 달도 되지 않아 배송관련 실수가 56%에서 10% 수준으로 줄어들었다. 단지 호칭 하나 바꾸어 불렀을 뿐인데, 그 결과는 엄청난 차이를 가져왔다.

리츠칼튼(Ritz-Catlton) 호텔에서도 투숙객의 불만사례가 늘어나자 개선 방법을 다각도로 연구했다. 그리고 최종적으로 선택된 방법은 호텔 직원들의 모토(motto, 신조信條)를 바꾸는 것이었다. 그러자 빈번히 발생하던 사소한 실수가 급격히 줄어들었고, 고객들의 만족도가 높아져 더욱 명성 있는 호텔이 되었다. 이때 리츠칼튼 호텔에서 제시한 새로운 모토는 무엇이었을까? 그것은 '우리는 신사숙녀를 모시는 신사숙녀이다.'였다. 호텔 직원들을 말 그대로 '신사숙녀'라고 존칭하여 부르자 직원들 개개인의 자부심과 자기존중감이 높아졌고, 직원들이 자긍심을 갖고 일하자 고객들도 만족하게 된 것이다.

이처럼 자기를 무엇이라 생각하고 어떤 이름으로 부르는가는 단순히 심리적 만족감에 그치지 않고 구체적인 업무성과로 나타난다. 자기에 대한 규정이 삶 전체를 지배하는 생각이 되고, 자신이 발휘하는 능력의 크기가 되는 것이다. 그래서 자신을 무엇이든 해낼 수 있는 무한능력의 존재로 규정하는 것이 중요하다. 일단 자신이 '할 수 있다'고 생각해야 주어진 모든 상황이 자기 역량을 발휘할 수 있는 '기회'가 되기 때문이다.

페이스북 우울증

최근 몇 년 사이에 스마트폰과 소셜 미디어(Social Media)가 바꾸어 놓은 생활의 변화는 놀라울 정도다. 전에도 지하철이나 버스, 공공시설에서 휴대전화를 사용하는 사람들을 흔히 볼 수 있었지만, 스마트폰의 등장은 도시의 풍경과 개인의 생활패턴을 완전히 바꾸어 놓았다. 스마트폰을 사용해 언제 어디서나 필요한 정보를 검색할 수 있게 되었고, 자기가 좋아하는 음악과 영상, 게임들을 무제한으로 즐길 수 있게 되었다. 그리고 트위터와 페이스북으로 대표되는 소셜 미디어는 실시간으로 전 세계 사람들과 대화를 나누고 정보를 교환하며 광범위한 인맥을 형성할 수 있게 만들어주었다. 오죽하면 원래 'Thanks God, It's Friday.'의 약자인 TGIF를 가리켜 Twitter, Google, I-phone, Facebook의 약자라고 하지 않는가!

그런데 지난 3월 말 언론보도에 따르면 미국의 일부 의학 전문가들이 페이스북 같은 소셜 미디어 사이트가 온라인 웹사이트에 빠진 10대들에게 우울증 같은 부정적 영향을 미칠 수 있다고 경고했다고 한다. 그중에서도 미국 소아과 아카데미의 소셜 미디어 지침 작성을 주도한 소아과 의사 그웬 오키프(Gwen Okeefe)는 "자긍심에 문제가 있는 아이들이 페이스북을 하면 특히 부정적인 영향을 받을 수 있다."고 지적했다. 그는 "시시각각 새로 올라오는 페이스북 친구들의 행복해 보이는 사진들을 보고 자긍심에 문제가 있는 아이들은 자신을 기준 미달이라고 생각하며 괴로움을 느낄 수 있다."고 한다. 그리고 "온라인에서는 상황의 맥락을 알 수 있게 만드는 실제 상황의 몸짓이나 얼굴 표정을 볼 수 없어 현실이 왜곡돼 전달될 수 있다."는 점도 지적했다. 오키프는 "페이스북이 현실에 대해 왜곡된 이미지를 전달할 수 있기 때문에 붐비는 학교 식당에 혼자 앉아있거나 다른 일상생활에서 겪게 되는 괴로움보다 더 힘든 일이 될 수 있다."고 주장한다.

잘난 사람들과 예쁜 여자들

필자도 작년부터 페이스북을 하면서 소셜 미디어의 위력을 실감했다. 소식이 끊겼던 지인들과 다시 연락이 닿게 되었고, 미국의 친척들과 친구들, 영어강사 시절 함께 일했던 캐나다 친구들의 근황을 한 동네에 사는 것처럼 알 수 있게 된 것이다. 뿐만 아니라 외국에 거주하는 교포들, 세계 각국의 외국인들과 친구가 되었고, 이전에는 접하기 힘들었던 다양한 분야의 전문가들과 유명 연예인, 정치인, 사업가들과도 교류하게 되었다. 그래서 지금까지 접해보지 못한 새로운 정보와 문화를 이제는 일상적으로 공유하게 되었고, 현실적인 도움도 주고받을 수 있게 되었다. 이처럼 소셜 미디어는 삶을 풍요롭게 해주는 훌륭한 생활의 도구가 될 수 있는 것이다.

문제는 이렇게 갑작스럽게 늘어난 인적 네트워크를 의미 있는 인간관계로 만들지 못하고, 다른 사람들과 자신을 비교함으로써 오히려 소외감과 박탈감에 빠져드는 것이다. 페이스북을 사용하는 어느 친구의 말을 빌리면 "대한민국에 그렇게 잘난 사람들과 예쁜 여자들이 많은 줄 몰랐다."고 한다. 처음엔 누구라도 그렇게 느낄 수 있다. 그리고 '잘나고 잘생긴' 사람들을 더 많이 만나면서 자신이 점점 더 초라하게 느껴질 수도 있다. 하지만 한 번이라도 오프라인 모임에 나가 사람들을 직접 만나보면 온라인에서 받은 이미지와 실제의 모습이 얼마나 다른가를 실감하게 된다. 직접 대면하고 보면 누구나 다 자신의 문제와 고민을 안고 있는 똑같은 사람인 것이다.

어떤 사람들은 모르는 사람들의 접근을 차단하고 자신의 정보를 극히 비밀스럽게 감추기도 하지만, 페이스북을 이용하는 대부분의 사람들은 자신과 자신의 비즈니스를 다른 사람들에게 알리려는 목적을 갖고 들어오기 때문에 자신의 외형적인 모습을 최대한 화려하게 꾸미기 마련이다. 그러다 보니 프로필 내용은 과장되기 쉽고, 페이스북(Facebook)에서 가장 중요하다는 '페이스(Face: 얼굴, 프로필 사진)'로는 가장 잘 나온 사진을 사용하게 된다. 그리고 사진 게시판에는 자신이 보여주고 싶은 이미지만 선별해서 공개하기 때문에 그것만으로 그 사람을 판단하는 것은 어리석은 일이다. 물론 '담벼락(기본 게시판)'에 쓴 글이나 다른 사람들의 글과 사진에 달아놓은 리플을 보고 그 사람의 내면을 짐작해 볼 수도 있겠지만, 사실 그 사람을 직접 만나지 않고서는 외형적인 모습조차도 정확히 알 수 없는 것이다.

자긍심을 회복하려면

신약성서 「야고보서」에서는 육체적 인간에 대해 "너희는 잠깐 보이다가 없어지는 안개니라."라고 한다. 인간의 외모와 신체적인 조건, 물질적 소유는 이와 같은 것이다. 더 나아가 『금강경』에는 '범소유상 개시허망(凡所有相 皆是虛妄) 약견제상 비상 즉견여래(若見諸相非相 卽見如來): 무릇 형상 있는 것은 모두 허망한 것이니, 만약 모든 형상이 진짜 형상이 아님을 보면 곧 여래를 볼 것이다.'라는 구절이 나온다. 이 말을 달리 표현하면 '눈에 보이는 모습이 가짜임을 알고 집착하지 않으면 아무 것에도 제한되지 않는 영적 존재로서의 진짜 자기를 발견하게 될 것이다.'라고 할 수 있다.

앞서 소아과 의사 그웬 오키프가 지칭한 '자긍심에 문제가 있는 아이들'은 눈에 보이는 외모와 물질적 조건, 사회적 지위에 집착해 '진짜 자기가 누구인지를 모르는 사람들' 모두에 해당한다. 자기를 개체적인 존재로 여기고, 자기를 다른 사람들과 끊임없이 비교하며 우월감과 열등감에 시달리는 사람들은 모두 '페이스북 우울증'을 겪고 있는 것이다. 이들이 자긍심을 회복하고 '페이스북 우울증'에서 완전히 벗어나는 것은 자신이 육체적인 존재가 아니라 영적인 존재이며, 다른 대상과 비교될 수 없는 완전한 존재임을 인식하고 자신의 탁월성에 몰입할 때 비로소 가능하다.

나는 가수다, 당신은 무엇인가?

2011년에 등장한 서바이벌 음악프로그램 '나는 가수다'는 대중들의 뜨거운 관심을 받았다. '나는 치즈다' '나는 짱구다' '나는 래퍼다'처럼 프로그램 제목을 패러디한 이름들이 곳곳에 등장하고, '나는 가수다' 관련 음원 다운로드 건수가 단기간에 2천만 건을 돌파하며 각종 음원 차트를 휩쓸었다. 왜 이런 현상이 벌어졌을까? 이전에도 수많은 가수들이 등장하여 헤아릴 수 없이 많은 노래를 불렀다. 그런데 유독 '나는 가수다'가 주목 받은 이유는 무엇일까?

다음은 2011년 5월 22일 '나는 가수다' 경연에서 '여러분'이라는 노래를 불러 1등을 한 임재범 씨의 소감이다.

"감사하고요. 오늘은 제가 노래를 한 것 같아 좋습니다. 최선을 다했고요. 사실은 두려운 노래였고, 감히 제가 할 수 있을까 하는 두려움이 앞서서 음원조차 들어보지 못했습니다. 제가 불렀다기보다는 상상컨대 다른 존재가 저를 노래하게 하지 않았나 하는 생각이 듭니다. 제가 '나는 가수다'에서 '나는 가수구나'라는 것을 확인하게 된 것이 감사하고, 둘째로 '노래를 하는 게 이렇게 행복하구나'라는 게 너무너무 감사합니다."

이 인터뷰에 '나는 가수다'의 모든 것이 들어 있다. 나는 모델도 배우도 댄서도 아니다. 나는 가수다. 자기를 '가수'로 규정하는 이 짧은 문장에 분명한 자기정체성과 존재감이 담겨 있다. 자기를 가수라고 여기는 사람의 관심은 노래를 부르는 것이고, 그가 성취하고자 하는 최고의 목표는 '노래를 노래답게 부르는 것'이다. '노래다운 노래'의 기준은 사람마다 다르겠지만, 중요한 것은 내가 노래한다는 생각이 들지 않을 정도로 몰입된 상태에서 행복에 빠져 있을 때 가장 훌륭한 노래가 나온다는 것이다.

당신은 자기를 무엇이라고 생각하는가? 그것이 당신의 삶 전체를 결정한다. 성공적인 삶, 행복한 삶을 원하는가? 그렇다면 자기를 최고로 규정하라. '나는 무한능력의 존재다. 나는 조건 없는 사랑이다. 나는 지혜 자체다. 나는 싱싱한 생명이다.' 이처럼 자신을 제한되지 않는 무한의 존재로 인식하고 그 느낌을 불러 일으켜 생활에 적용하게 되면 탁월한 삶을 살게 된다. 페이스북과 같이 눈에 보이는 현상에 대한 집착에서 벗어나 자기 내면의 탁월성에 몰입하여 무한한 자유와 성취의 기쁨을 만끽하게 되는 것이다. 이것이 우리가 '참나에 관한 선언'으로 꾸준히 명상해야 하는 이유다.

명상과 스피리추얼 코칭(Spiritual Coaching)

스피리추얼 코칭이란,

자기 내면의 탁월성을 먼저 발견한 코치의 도움을 받아

내 안에 있는 좋은 생각과 느낌을 불러일으키는 것이다.

명상에도 코치가 필요하다

서울대학교 지구환경과학부 이상묵 교수는 어깨 아래를 전혀 쓸 수 없는 전신마비 장애인이다. 그는 어릴 적부터 꿈꾸어 온 해양학자가 되기 위해 서울대학교에 진학, 해양지질학을 전공했다. 대학원 재학 중 미국으로 건너간 그는 MIT에서 박사 학위를 받았고, 세계적인 학자들과 함께 연구 및 탐사활동을 펼쳤다. 그리고 2003년에는 서울대학교 교수로

임용되었다. 그러나 2006년 7월 2일, 캘리포니아 공과대학과 서울대가 공동으로 진행한 야외 지질연구 도중 사막 한가운데서 차가 전복되는 사고가 일어났다. 이 사고로 네 번째 척추가 완전 손상되어 전신이 마비된 것이다.

그럼에도 이상묵 교수는 사고를 당한 지 6개월 만인 2007년 1월 2일 학교로 복귀했고, 학계 최고권위를 인정받는 미국 지구물리학 총회에 연구결과를 발표해 세상을 깜짝 놀라게 했다. 그는 "장애를 인정하는 순간 희망이 생겼다."고 말한다. 다시 일어서서 걷고 팔을 쓸 수 있게 되는 것에만 집착했다면, 그는 학교에 복귀할 수도 과학자로서의 연구 활동도 할 수 없었을 것이다.

해양지질학자로서 세계를 누비며 탐험을 해야 하는 그에게 전신마비장애는 사실 사망선고나 다름없었다. 그러나 현재 그는 교수로서 학자로서 왕성한 활동을 펼치고 있으며, 장애인의 재활과 독립을 돕는 여러 사업에도 적극적으로 참여하고 있다. 이상묵 교수는 이렇게 말한다. "십 년 전, 이십 년 전에 안 다치고 이 시대에 다친 게 얼마나 다행입니까? 장애인을 바라보는 시각이 달라졌고, 정보화 사회가 빠르게 발달하면서 컴퓨터로 모든 일을 할 수 있습니다. 그러니 저는 참 여러 가지로 행운아입니다."

어떤 사물에 화학적인 변화나 물리적인 변형이 일어나려

면 물질에 작용하는 원리와 힘(energy)이 있어야 한다. 이와 마찬가지로 사람의 변화를 위해서도 작용하는 원리와 힘이 필요한데, 그것은 바로 그 사람의 '생각'이다. 그 사람이 지금 처한 상황과는 상관없이 생각이 바뀌면 그 사람의 세계도 바뀐다. 인간의 변화를 신체나 환경, 경제적 여건 등과 같은 물질적 조건의 변화에 의한 것으로 파악할 수도 있다. 그러나 엄밀하게 말하면, 사람의 변화는 생각의 변화에 의해서만 가능하다. 이상묵 교수처럼 생각이 분명히 바뀌면 먼저 자신이 변하고, 더불어 모든 것이 변하는 것이다.

그러므로 명상을 하는데도 생활이 개선되지 않는다면 아직 명상을 시작한 것이 아니다. 다시 말하지만, 명상이란 좋은 생각에만 몰입해 좋은 느낌을 불러일으키고, 그에 따라 자연스럽게 바람직한 생활의 변화를 가져오는 것이기 때문이다. 그 생각이 얼마나 분명히 바뀌는가에 따라 건강이 좋아지고 환경이 개선되며 대인관계가 원활해진다. 이때 생각이란 막연하고 피상적인 생각들을 말하는 것이 아니다. 체험을 통한 분명한 인식과 확고한 신념을 가리키는 것이다.

이렇게 전격적인 인간의 변화는 보통 감동적인 책이나 영화, 대개는 충격적인 사건을 통해 당사자의 깊은 생각이 바뀔 때 일어나는 것이다. 그러나 이런 일은 일생에 몇 번 일어나지 않는다. 그래서 멘토 혹은 코치가 필요하다. 자신의 생각을 바람직한 방향으로 전환시키고, 내면에 잠재된 무한능력을 발휘하는 것이 혼자 하는 명상만으로는 부족한 경우가 많기 때문이다. 그래서 세계 각 분야의 리더들은 언제나 의견을 묻고 조언을 들을 수 있는 멘토가 있다. 어떤 사람들은 조상이나 역사 속의 인물 등 영혼의 멘토와 마음의 대화를 나누기도 한다. 오바마 미국 대통령이 링컨을 멘토로 모시고 이야기를 나눴다는 것도 같은 맥락이라고 볼 수 있다.

필자도 처음 명상을 혼자 시작할 때는 멘토나 코치라고 할 만한 스승이 없어 예수를 떠올리며 대화를 나누고 명상을 했다. 하지만 그렇게 마음으로 나누는 대화라고 해봐야 결국 내 마음의 수준을 뛰어넘을 수 없기 때문에 답답한 마음은 해소되지 않았다. 그러다 지금 필자의 회사 고문으로 계시는 신병천 마스터코치님을 만나 깊은 교감(交感, communion)을 바탕으로 한 '스피리추얼 코칭(Spiritual Coaching)'을 받으면서 근본적인 의식과 생활의 변화를 체험하게 되었다.

본인의 일상생활이 바뀌려면 본인의 일상적이고 상식적인 생각의 틀에서 벗어나야 한다. 일상적인 생활을 유지하게 하는 평범한 생각이 보다 탁월한 생각으로 바뀌어야 하는 것이다. 자기가 원하는 상황을 성취하는 것이 성공이라면, 누구나 성공할 수 있다. 그러나 성공에 관한 이론적인 지식이나 막연히 '나도 성공하면 좋겠다'는 정도의 생각으로는 성공하기 어렵다. 꼭 이루겠다는 간절한 마음으로 성공을 열망해야 한다. '스피리추얼 코칭'은 변화에 대한 열망을 불러일으키고 일상적인 의식보다 깊은 의식을 변화시킴으로써 실제적인 삶이 변화되도록 도와주는 것이다.

명상이 스스로 자기 내면에 있는 바람직한 생각을 일으키는 것이라면, 스피리추얼 코칭은 코치의 도움을 받아 자기 안에 있는 좋은 생각을 불러일으키는 것이다. 그래서 스피리추얼 코칭의 과정과 명상을 통한 생활의 변화과정은 많은 부분에서 일치한다. 그것을 단계별로 살펴보면 다음과 같다.

① 세계관 진단과 문제도출

서울에서 부산으로 가려면 부산을 목적지로 분명히 정하고 출발해야 한다. 우선은 목표가 분명해야 하는 것이다. 어떻게 부산으로 가는지를 모르고, 막연히 '가다 보면 어디 있겠지.' 해서는 부산에 도착할 수 없다. 이와 마찬가지로 목표가 분명하지 않고서는 성공에 이를 수 없다. 성공하겠다는 분명한 목표의식이 있어야 성공의 방법을 연구할 것이고, 그 방법대로 실천도 하게 될 것이다.

스피리추얼 코칭의 첫 번째 단계는 그 사람이 진정으로 바라는 목표가 무엇인가를 스스로 발견하게 하는 일이다. 많은 사람들이 자기가 이루려고 하는 목표를 분명히 알고 있다고 생각하지만 사실은 그렇지 않다. 자기의 깊은 마음은 자기도 모르는 것이다. 사람들이 표면적으로는 서로 다른 목표를 가지고 있는 것처럼 보여도, 그 목표를 성취함으로써 결국 얻고자 하는 것은 성취감과 보람, 마음의 평화와 기쁨이다. 그리고 이것은 모두 행복의 다른 이름이다. 그러나 자신이 진정으로 바라는 것이 내면적인 행복이라는 사실을 모르고 외형적인 성취만을 추구하다 보면 여러 가지 문제에 직면하게 된다.

그래서 먼저 코칭을 받는 사람이 인식하고 있는 현실을 파악하고, 그가 해결해야 할 문제들을 도출해야 한다. 그리고 목표가 뚜렷하지 않은 경우에는 그가 가장 심각하게 여기는 문제의 이면에서 숨겨진 목표를 발굴해낸다. 그러나 어떤 외형적인 목표가 있다고 하더라도 인간의 근본적인 목표는 행복이다. 스피리추얼 코칭은 내면의 행복에 대한 초점을 한 순간도 놓치지 않는다. 업무의 성과, 경제적 성공, 건강, 명예, 원만한 인간관계와 같이 눈에 보이는 목표를 가장 깊은 내면적 목표인 행복과 연동시킴으로써 진정한 성공을 성취하게 하는 것이다. 목표를 성취해서 행복하다고 느낄 수도 있지만, 행복의 정서를 분명히 느낄 때 눈에 보이는 목표도 성취되는 것이기 때문이다.

② 자기 정체성 확인과 새로운 자기 인식

스피리추얼 코칭의 다음 단계는 자기 자신을 어떻게 인식하고 있는지를 확인하고, 제한된 자기규정을 벗어나 탁월한 자기 존재를 확인하게 하는 것이다. 대부분의 사람들이 자신을 육체와 동일시한다. 그리고 마음의 중요성을 인정하는 사람이라도 몸과 마음이 따로 있는 것으로 생각한다. 그러나 마음과 몸, 생각과 현실을 따로 생각해서는 변화하기 어렵다. 어떤 사람이 용기 없는 사람에게 "용기 있다고 생각해 봐."라고 해서는 생각만 하게 되고 변화는 일어나지 않는다. 그러나 "너는 용기 있는 사람이야."라고 선언적으로 말하면 효과가 있다. 자기 자신에 대한 의미 있는 규정은 자기도 모르게 무의식에 입력되어 있다가 특정한 상황에 실제적인 행동으로 나타나기 때문이다. '나는 용기 있는 사람이야.'라고 거듭 생각하여 그 생각과 느낌이 내면화되면 그 사람은 용기 있는 행동을 하게 된다. 이것은 앞에서 함께 살펴본 명상의 핵심기법과 효과이기도 하다.

몸과 마음은 따로 분리되어 있는 것이 아니다. '화장실에 가고 싶다'는 느낌이 들면 '걸음의 보폭을 계산해서 어느 정도의 속도로 가겠다'는 생각 없이 화장실로 간다. 모두가 마음에서 일어난 생각에 따라 저절로 하게 되는 것이다. 인간의 몸은 유한한 형태로 인식되지만 깊은 의식에서 보면 그것은 마음이 비친 것이지 실체가 있는 것이 아니다. 하버드 의대 출신의 디팩 초프라(Deepak Chopra) 박사에 따르면, 1년 사이에 우리 신체세포의 98%가 죽고 새것으로 교체된다. 한강이 언제나 같은 강처럼 보여도 흐르는 물이 늘 바뀌는 새로운 강인 것처럼 우리의 신체도 그렇다. 다시 말해 우리가 신체의 느낌을 갖는 것은 그림자와 같이 실체가 없는 몸을 자기가 입고 있다고 생각하는 것이다. 표면적으로는 육체가 있는 것처럼 보여도 영적인 존재로서의 정신이 본질인 것이다.

사람들은 의식적, 무의식적으로 자기를 제한하는 생각으로 살아가고 있다. '나는 몸이 약해.' '직장 상사를 보면 화가 나.' '여러 사람 앞에서 발표할 때 자신이 없어.' '내가 할 수 있는 건 여기까지야.'라고 생각한다. 그러나 의심의 여지없이 가지고 있는 그 제한된 생각이 자신의 삶을 제한하고 있다는 사실은 모른다. 오히려 자신의 초라한 모습을 비관하거나 환경과 조건이 자신을 그러한 모습으로 만들어 놓았다고 생각하고 현실을 원망하기도 한다.

그러나 우리의 신체와 마찬가지로 우리가 경험하는 현실도 사실은 우리의 무의식적인 마음이 시공간의 스크린에 비친 것이다. 따라서 마음을 구성하는 근본적인 생각이 바뀌면 나의 현실도 바뀐다. 자기를 제한하는 생각으로 가득 찬 마음은 결핍된 현실을 비처내지만, 자신을 탁월한 존재로 규정하는 마음은 풍요로운 현실을 펼쳐낸다. 앞에서 소개한 서울대학교 이상묵 교수는 "목 아래로는 아무런 감각을 느끼지 못합니다. 잠을 자는 사이에 누가 내 다리를 잘라가도 모를 겁니다. 그러나 비록 내 몸이 전동휠체어에 갇혔다고 하더라도, 이것 역시 새로운 도전으로 여길 것이며 이겨낼 것입니다."라고 말한다. 이처럼 자기도 모르게 자기를 '무한능력의 존재'로 규정하고 그 능력을 활용하는 사람은 어떤 어려운 목표도 자신 있게 도전하여 성취한다. 자신의 무한능력이 발휘되어 내면적으로도 즐겁고 평화롭지만, 외면적인 현실에서도 풍요롭고 성공적인 삶을 살게 되는 것이다.

그러므로 자기 인식의 변화가 스피리추얼 코칭의 핵심이다. 탁월한 자기 인식이 분명해지면 행동과 결과는 저절로 따라오기 때문이다. 자신의 본질은 이력서에 몇 줄로 적어내는 내용이 아니다. 나는 육체가 아니라 탁월한 정신이며, 깊은 의식으로 존재하는 '행복 자체'다. 이것을 분명히 알게 되면 행복의 조건이라고 생각했던 돈이나 건강, 명예나 권력 따위에 매이지 않게 된다. 그리고 집착에서 벗어난 마음의 여유와 자신감은 목표의 성취를 더욱 쉽게 만들어 준다.

③ 의식의 확장과 자기 분야에의 활용

현실이 우리의 '마음'이 비친 것이라고 할 때, 이 '마음'은 현실을 지각하고 판단하는 일상적인 의식을 가리키는 것이 아니다. '현실을 비쳐내는 마음'은 어떤 것을 분명한 실재로 인정하는 보다 근본적인 생각이다. 붉은 장미꽃을 보고 '아름답다'고 생각하는 것은 현실을 지각하고 판단하는 2차적인 생각이다. 반면 현실을 창조하는 생각은 그 장미꽃이 그 모양과 빛깔로 존재한다는 것을 인정하는 1차적인 생각이다. 이러한 1차적인 생각들은 '의식'으로 파악되지 않는다는 점에서 '무의식'이라고 할 수 있는데, 우리가 경험하는 현실을 개선하려면 이 '무의식'을 바람직한 방향으로 전환해야 한다.

누구나 이루고 싶은 목표가 있지만 모든 사람이 자기 목표를 달성하지는 못한다. 그것은 자신의 목표를 무의식의 필름에 선명하게 인화해 현실의 스크린에 비쳐내지 못했기 때문이다. 그러면 어떻게 해야 내가 이루고 싶은 목표를 무의식의 필름에 새겨 넣을 수 있을까? "너희가 구하는 것이 무엇이든 그것을 이미 받았다고 믿기만 하면 그대로 다 될 것이다."라는 예수의 말씀이 정답이다. 좀 더 구체적으로 설명하면, 목표가 성취된 모습을 눈앞에서 보는 것처럼 선명한 이미지로 만들어 생생한 느낌을 불러일으키는 것이 그 방법이다. 그리고 그 목표들이 이미 성취된 것에 대해 진심으로 감사하는 것이다. 그 감사의 표현을 거듭할수록 얕은 의식으로는 경험할 수 없는 깊은 행복을 느끼게 되고, 그 목표는 현실이 된다.

스피리추얼 코칭에서는 코치가 설명하는 기본적인 마음의 법칙을 내담자가 순수하게 받아들이는 것이 중요하다. 내담자가 깊은 의식으로 마음의 법칙을 이해하고 수용할 때 변화가 빨리 일어나고 그 변화가 지속된다. 코치가 설명하는 내용을 얕은 생각으로 판단하고 자기 생각으로 비판하면서 들으면 변화가 일어나지 않는다. 깊은 마음으로 몰입하고 정서적으로 공감하면서 들어야 변화가 일어난다. 자신의 본질이 탁월한 정신임을 인식하고 실제적인 삶의 변화를 체험한 코치와 정서적으로 공감하는 것이 스피리추얼 코칭의 핵심이다. 그러나 코치와 교감하며 느끼는 탁월한 정서는 본래 누구에게나 있는 것이다. 다만 내담자의 경우는 아직 그것을 스스로 발견하여 그 정서를 이끌어내지 못했을 뿐이다. 그러므로 코칭은 코치의 도움을 받아 자기 내면의 탁월한 정서를 이끌어내는 명상이라고 할 수 있고, 명상은 스스로 그 정서를 이끌어내는 셀프코칭이라고 할 수 있다.

코칭과 명상을 통해 체험하게 된 탁월한 정서는 단순히 감수성을 계발하는 수준에 머무르는 것이 아니라 현실적인 삶의 변화를 가져온다. 예를 들어 우리가 가장 행복하게 느끼는 정서 중의 하나인 '사랑'을 생각해보자. '사랑'이 나약한 것으로 느껴지는가? 절대 그렇지 않다. 구성원들 간에 진심으로 사랑하고 배려하는 관계가 형성된 팀이 실제 업무에서 가장 강력한 힘을 발휘한다. 어린 아기가 호랑이 우리에 들어가 위기에 처했을 때 아기를 사랑하는 엄마는 맨손으로 쇠창살을 구부려 아기를 구해낸다. 이것은 특전사도 할 수 없는 일이다. 회사를 사랑하는 사람이 탁월한 성과를 내는 것은 두말할 필요도 없다. 그리고 그 사람은 역시 회사의 사랑을 받아 기대하지도 않았던 보상을 받게 될 것이다. 이처럼 탁월한 정서는 삶의 모든 영역에서 훌륭한 결과를 가져온다.

④ 결과에 대한 피드백과 지속적 팔로우 업

양자물리학이 발견한 새로운 세계와 의식의 무한한 가능성을 보여주는 책『블립(What the bleep do we know?)』에서는 "변화한다는 것은 우리의 행동을 그 변화가 영원할 정도로 충분히 수정하는 것이다."라고 한다. 참으로 맞는 말이다. 어떤 사람이 진정으로 변화되었다면 그 사람은 항상 변화된 상태로 있어야 한다. 변화된 상태가 지속되지 않고 예전의 상태로 돌아가 버린다면 그것은 의미 있는 변화라고 말할 수 없다. 그리고 이처럼 진정한 변화를 일으키지 못하는 교육이나 코칭은 비용의 낭비일 뿐이다.

피드백(Feedback, 개선을 위한 평가와 의견제시)은 흔히 부정적인 의미로 많이 사용되지만 피드백만큼 중요한 것도 없다. 자신이 하는 말과 행동이 주변 사람들에게 미치는 영향을 자각하고, 보다 바람직한 방향으로 개선하는 데 마음을 집중하게 되기 때문이다. 재채기는 명상에 방해가 되는 것이라고 생각하기 쉽지만, 잡념에 빠져 있을 때의 재채기는 다시 명상으로 돌아오게 해주는 전환점이 된다. 가수 송창식 씨가 말하듯 "모든 나쁜 것은 다 좋은 것이다."라는 마음으로 기꺼이 수용하는 사람에게는 피드백이 폭발적인 성장의 계기가 되는 것이다.

피드백과 더불어 지속적인 팔로우 업(Follow Up, 후속조치)도 매우 중요하다. 코칭을 받고 난 결과에 대해 본인이 느끼는 변화와 주변 사람들의 피드백을 종합하여 관찰하고, 코칭 과정이 끝난 이후에도 코치와 지속적으로 교류를 해야한다. 그리고 무엇보다 중요한 것은 셀프코칭이라고 할 수 있는 명상을 꾸준히 계속하는 것이다. 그러나 혼자서는 자기계발을 위한 노력을 지속하기 어려운 경우가 많다. 그래서 코칭 과정을 마친 후 코칭내용을 삶에 적용하는 CoP(Community of Practice: 실천모임)를 구성해 지속적인 팔로우 업을 한다. 필자의 회사에서도 이를 위해 전국 대도시를 중심으로 '참나실현회' 모임을 운영하고 있다.

인간의 변화에 대해 회의적인 태도를 취하는 사람들이 많다. 심지어 어떤 심리학자, 교육 관계자, 리더십 강사들은 사람의 성격이 바뀔 수 없다고 주장한다. 사람이 변화될 수 없다면 그 사람들이 하는 교육과 강의는 도대체 무엇을 위한 것이란 말인가? 앙드레 말로(Andre-Georges Malraux)는 "오랫동안 꿈을 그리는 사람은 마침내 그 꿈을 닮아간다"고 했다. 스피리추얼 코칭은 이처럼 보다 나은 삶에 대한 열망과 꿈을 지닌 사람들이 그 꿈을 실현할 수 있도록 근본적인 변화의 힘을 제공하는 것이다.

물론 생각의 전환이 눈에 띄는 행동의 변화와 현실의 개선으로 나타나기까지는 어느 정도 시간이 소요될 수 있다. 그러나 완전한 변화가 이루어지기까지 시간이 많이 걸릴 것이라고 속단하지 않는 것이 좋다. 진정한 변화를 갈망하고 결단하는 순간 당신은 이미 변화되어 있는 것이다!

잔소리 말고 코칭하라

> 행복은 나비와 같다. 쫓아다닐 때는 붙잡을 수 없지만
> 조용히 앉아 있으면 당신의 어깨 위에 내려앉는다.
>
> — 너대니얼 호손(Nathaniel Hawthorne)

진심 어린 사랑의 눈으로

삼성경제연구소의 'SERI CEO'를 기획하고 만들어낸 (주)세리젬의 강신장 사장은 그의 책 『오리진이 되라』에서 새로

운 영감을 얻어낼 수 있는 첫 번째 원천은 단연코 '사랑'이라고 주장한다. 그는 "마치 연인들이 목숨을 걸고 사랑을 하듯 세상 사람들과 우리의 고객들을 사랑의 눈으로 바라보라. 진심어린 사랑의 눈으로 바라보면 볼 수 없었던 것들, 또 보이지 않는 것들, 또 남들이 보지 못하는 것들을 볼 수 있는 신비로운 힘이 생긴다."고 주장한다.

그리고 이러한 사랑을 바탕으로 창조를 만드는 두 가지 원천은 여기에 '아픔을 들여다보는 힘'과 '기쁨을 보태는 힘'이라고 한다. 사람들의 아픔을 섬세하게 들여다보고, 진심으로 고통을 이해하고 파고들어가 속 시원하고 즐거운 해결을 해내는 것이 창조의 원리라는 것이다. 참으로 탁월한 통찰이다. 그러나 이것은 단순히 새로운 제품이나 서비스를 만들어내는 데만 적용되는 원리가 아니다. 이것은 삶의 모든 영역, 그중에서도 특히 인간관계를 탁월하게 해주는 원리이기도 하다.

많은 직장인들이 "비전을 보고 회사에 입사했다가 인간관계 때문에 퇴사한다."고 한다. 왜 그럴까? 이유는 간단하다. 그것은 직장 선후배와 동료를 '진심 어린 사랑의 눈으로' 바라보지 못하기 때문이다. 그래서 상대방의 아픔을 이해하지 못하고, 무엇 때문에 그 사람이 힘들고 어려운지를 알지 못한다. 그러니 다른 직원을 도와주고 기쁨을 보탠다는 건 그야말로 꿈같은 '희망사항'에 지나지 않는다. 제 코가 석자라 자기 일을 처리하기에도 바쁘다 보면 상사나 부하직원을 막론하고 업무에 방해가 되는 모든 사람은 분노와 원망의 대상이 되어버리기 때문이다.

그러면 보다 친밀한 사랑을 기초로 하는 부모와 자녀의 관계는 어떨까? 부모의 사랑은 '내리사랑'이라 보통 자녀가 부모를 사랑하는 것보다 부모가 자녀를 더 많이 사랑한다고 한다. 그러면 부모들은 그렇게 사랑하는 자녀들과 좋은 관계를 유지하고 있을까? 사실은 그렇지 않다. 많은 부모들이 익히 경험하듯 사실은 직장에서의 인간관계 이상으로 문제가 많은 것이 부모와 자녀의 관계다. 왜 그럴까? 그것은 부모가 자녀를 진정한 의미에서 '진심 어린 사랑의 눈으로' 바라보지 못하기 때문이다. 자녀가 정말 원하는 것이 무엇이고, 또 무엇 때문에 힘들어 하는가 보다는 부모 자신이 원하는 자녀의 모습과 자녀를 통해 성취하려고 하는 목표에만 관심이 집중되어 있을 때 갈등이 일어나는 것이다.

결국 가정에서든 직장에서든 인간관계의 문제는 동일한 뿌리를 갖고 있다. 그것은 깊은 신뢰와 존중이 바탕이 된 진심 어린 사랑으로 상대방을 대하지 않는다는 것이다. 문제가 그렇다면 해결책도 마찬가지다. 그러므로 가정에 적용되는 자녀 코칭의 방법이 직장에서 후배 직원들을 코칭하는 방법으로 훌륭하게 응용될 수 있을 것이다. 그럼 다음에서 자녀 코칭의 원리와 방법들을 통해 직장에서 후배들을 코칭하는 방법까지, 두 마리 토끼를 동시에 잡아보자.

부모는 항상 옳은가?

몇 해 전, 은퇴하신 교수님들과 선생님들 앞에서 강의를 할 기회가 있었다. 평균 연령이 70세가 넘는, 아버지뻘 되시는 분들께 질문을 했다.

"자녀들에 대해 불만스러웠던 것은 어떤 경우였습니까?"

어느 선생님께서 대답하셨다.

"다 큰 녀석들이 어디 부모 말을 듣나요? 오래 전에 포기했어요."

"그러면 한 가지만 더 질문하겠습니다. 만일 부모가 시키는 대로 100% 정확하게 실천했다면 자녀분이 인생에서 성공하고 행복한 삶을 살게 되었을까요?"

한동안 아무 대답이 없다가 옆에 앉은 분이 "턱도 없지요!"하시고는 껄껄 웃으셨다. 다들 그 대답에 공감하시는지 무표정하게 계시던 분들도 웃음 띤 얼굴로 변했다.

부모가 시키는 대로만 해서는 행복한 삶, 성공적인 삶을 살 수 없다고 생각하면서도 자녀가 말을 듣지 않는다고 화를 내는 이유는 무엇인가? 우리는 부모나 선생님도 틀릴 수 있다는 것을 잘 알고 있다. 하지만 자녀를 대하고 있는 순간에는 그 생각을 잘 하게 되지 않는다. 부모와 자녀의 생각이 '다른' 것임에도 불구하고 우리는 대개 자녀가 '틀린' 것이라고 생각한다. 그리고 부모의 '옳은' 생각을 자녀들이 받아들이도록 강요한다. 자녀들과 대화가 적은 가정은 말할 것도 없고, 집에서 대화를 많이 한다는 부모들의 이야기도 자세히 들어보면 거의 일방적인 훈계나 강제적인 요구가 대부분이다.

박지성 선수의 아버지는 경제적으로도 넉넉지 않은 형편에 덩치도 작고 체력도 약한 아들이 축구선수가 되는 것에 반대했다. 하지만 아직 열 살 밖에 되지 않은 아들은 끝까지 축구를 하겠다고 고집을 부리며 '반항'을 했고, 결국 아버지는 허락하지 않을 수 없었다. 만일 박지성 선수가 그때 순순히 아버지의 뜻을 따르고 공무원이 되기로 마음먹었다면 어떻게 됐을까? 결과는 알 수 없지만, 분명한 것은 대한민국 출신의 세계적인 축구선수 한 사람이 나타날 수 없었을 것이라는 사실이다. 참으로 다행스러운 것은 박지성 선수의 아버지가 초등학교 3학년 밖에 되지 않는 어린 아들의 의견을 존중하고 적극적으로 지지해 주었다는 것이다.

부모의 생각을 전적으로 따르는 자녀는 결코 부모보다 더 나은 삶을 살 수 없다. 오히려 부모보다 못한 삶을 살게 될 가능성이 높다. 자신이 따르고 있는 생각은 스스로 생각해

낸 것이 아니기 때문이다. 물론 부모와 다른 생각을 갖는다고 해서 반드시 더 나은 삶을 살게 되는 것도 아니다. 하지만 적어도 자녀들의 생각이 부모와 다르다는 것은 부모보다 더 훌륭하게 살아갈 수 있는 가능성이다. 그리고 현실적으로 부모와 똑같은 생각을 하는 자녀는 없다. 그러므로 부모가 해야 할 일은 자기와 다른 생각을 가지고 자라나는 아이들이 자신의 가능성을 최대한 발휘할 수 있도록 도와주는 것이다.

잔소리꾼이 되지 말고 코치가 되라

어려운 문제에 직면했을 때 누구나 한번쯤 '나의 고민을 시원하게 해결해줄 사람이 있으면 좋겠다'는 생각을 한다. 자기보다 탁월한 의식과 전문성을 가지고 문제를 함께 풀어줄 사람을 찾는 것이다. 이럴 때 도움을 주는 사람이 '코치(Coach)'다. 일반적으로 운동선수를 가르치는 사람을 코치라고 하는데, 어떤 사람의 문제해결을 도와주는 사람도 코치라고 한다. 카운셀러(counselor)가 의뢰인의 상황이나 문제에 대해 나름의 해답을 제시해 준다면, 코치는 자신이 생각하는 해결책을 제시하기 보다는 당사자가 스스로 해결책을 발견하도록 이끌어준다. 코치는 일방적인 카운셀링(counseling)을 하는 것이 아니라 교감(交感, communion)에 의해 자발적인 변화가 일어나도록 도움을 주는 사람인 것이다. 그러므로 코칭의 주체는 코치가 아니라 '코칭을 받는 당사자'이다.

지금 학창시절을 보내고 있는 자녀들은 누구보다도 코치를 필요로 하고 있다. 아직 너무 모르는 것이 많은 세상에 대한 두려움도 있고, 가장 많은 시간을 보내야 하는 학교생활에서 어려움을 겪기도 한다. 학업과 성적에 대한 부담, 친구관계에서의 갈등으로 힘들어 하기도 한다. 이성친구를 사귀고 싶은데 마음처럼 잘 되지 않고, 자기 외모에 대해서도 고민이 많다. 가정에서의 문제와 경제적인 어려움으로 고통을 겪기도 하고 진로에 대해서도 걱정을 한다. 그런데 정작 부모와는 대화가 되지 않는다. 부모가 자녀의 이야기를 진심으로 이해하며 들어주지 않기 때문이다. 그래서 청소년기의 아이들은 자기 말을 공감하며 들어주는 같은 또래의 친구들이나 선후배와 고민을 나누며 문제 해결을 시도하게 된다.

내가 낳은 자식, 그것도 아직 나이 어리고 철부지인 자녀를 사회에서 만난 다른 성인들을 대하듯 대등한 인격으로 인정하고 대화하기란 사실 쉽지 않다. 일찍부터 자녀교육에 대한 분명한 철학과 원칙을 가지고 노력을 기울인 부모라면 다르겠지만, 대개의 부모는 그만한 마음의 여유를 가지고 살아가지 못한다. 당장 눈앞에서 벌어지고 있는 자녀들의 잘못을 지적하기 바쁜 것이다. 하지만 문제는 잘못된 행동을 하나하나 지적하며 잔소리를 하고 큰 소리로 야단을 친다고 해도 아이는 바뀌지 않는다는 것이다. 회초리를 들고 매를 때려도 그때뿐이다. 심지어는 전보다 더 심한 문제를 일으키기도 한다.

그러면 이제 어떻게 할 것인가? 계속 잔소리꾼과 독재자로 군림하면서 자녀들을 통제할 것인가? 아니면 어차피 자기가 살아갈 인생이니 스스로 알아서 하라고 방치해 둘 것인가? 둘 다 옳은 방법이 아니다. 부모는 자녀들이 자신의 삶을 행복하게 살아갈 수 있도록 격려해 주고 안내해 주는 코치가 되어야 한다. 훌륭한 코치로서의 부모는 자녀가 스스로의 깨달음과 변화를 통해 가정과 학교를 포함한 모든 삶의 영역에서 문제들을 슬기롭게 해결하고, 탁월한 삶을 살아가게 도와주는 역할을 하는 것이다.

들어보고, 물어보고, 지켜보라

응용심리학의 한 분야인 NLP(Neuro-Linguistic Programming, 신경언어프로그래밍)에서 '래포(Rapport)'의 형성은 인간관계의 기초다. 래포는 어떤 사람과 함께 있으면서 편안함을 느끼는 것인데, 이렇게 래포를 형성하고 설득하는 전략으로 '페이싱(Pacing, 보조 맞추기)'과 '리딩(Leading, 이끌어가기)'이 있다. 일반적으로 다른 사람에게 맞추기 전에 그를 이끌고자 노력하는 것은 효과가 없다. 먼저 상대방에게 분위기와 반응을 일치시키고 신념과 가치관을 존중하면서 대화하는 것을 '페이싱'이라고 한다. '리딩'이란 페이싱을 통해 래포를 형성한 후에 그를 나의 의도나 목적에 따라 특정한 방향으로 이끌어 가는 것을 말한다.

페이싱은 상대방으로 하여금 나에게 맞추고 따라오게 하는 것이 아니라 내가 그의 세계관 속으로 들어가 그를 만나는 행동의 유연성을 발휘하는 일이다. 페이싱은 두 사람 사이에 다리를 만들어준다. 일단 다리가 놓이면 상대방을 또 다른 가능성으로 이끌어갈 수 있다. 내가 먼저 상대방과 함께 보조를 맞춰 래포를 형성하지 않고서는 그를 리딩할 수 없다. 바로 그 리딩에 저항이 뒤따르기 때문이다. 자녀를 코칭하는 데 있어서 가장 중요한 것이 페이싱에 해당하는 '이야기를 적극적으로 들어주기'이다.

부모로서 자녀를 이해하지 못하는 면이 있다면 자녀도 그만큼 부모를 이해할 수 없는 면이 있을 것이다. 그러나 부모의 입장을 자녀들에게 이해시키고 싶은 마음이 앞서더라도 인내심을 갖고 먼저 자녀들의 이야기를 진심으로 들어주는 것이 필요하다. 하지만 이야기를 적극적으로 들어준다고 해서 자녀들의 요구사항을 다 들어주라는 말은 아니다. 물론 자녀의 의견이 최우선으로 존중이 되어야 하겠지만, 자녀들의 판단에는 아직 여러 가지 제한된 생각과 오류가 있을 수 있다. 이때 부모의 의견을 질문 형식으로 제시하면 된다.

부모가 생각하는 다양한 가능성과 위험요소에 대해 의견을 묻고, 다른 대안들을 제시함으로써 자녀들을 리딩할 수 있다. 그러나 최종선택은 자녀에게 맡기고, 부모는 자녀가 스스로 선택한 목표를 성취해 가는 과정을 믿음을 가지고 지켜본다. 여기에서 부모의 역할은 자녀들과 눈높이를 맞추되 보다 높은 의식의 수준에서 판단하고 선택하고 실천할 수 있도록 돕는 것이다. 그리고 도움이 필요할 때는 언제든지 뛰어들어 도와줄 수 있는 가장 든든한 코치가 되어주는 것이다.

그러면 이러한 자녀코칭을 직장 후배들에게는 어떻게 적용할까? 방법은 간단하다. 자녀 코칭의 방법으로 제시된 내용의 첫머리로 돌아가 '자녀'를 '후배'로 바꾸어 다시 한 번 읽으면 된다. 보다 크고 근본적인 의미에서 코칭의 내용은 대상에 따라 달라지지 않는다. 결국 코칭은 그 사람이 진짜 자기를 발견하고 자신이 간절히 원하는 삶, 자유롭고 풍요로운 삶을 살도록 돕는 것이기 때문이다.

훌륭한 코치는 명상을 한다

명상을 꾸준히 하는 사람은 자신을 육체와 동일시하지 않게 되고, 자기 마음에서 일어나는 다양한 생각과 느낌을 통찰하고 그것에 집착하지 않게 된다. 그리고 개체적인 존재로서의 자기 자신보다 더 자주 다른 사람들의 마음과 느낌과 경험에 자세히 주의를 기울이게 된다. '진심 어린 사랑의 눈으로' 상대방을 바라볼 수 있게 되는 것이다. 자신의 개인적인 관심사에 대한 집착이 줄어들고, 다른 사람들에게 더 많은 관심을 갖게 되면서 인간관계가 원만해지고 삶의 균형이 잡힌다.

그리고 '참나에 관한 선언'으로 명상을 지속하면 눈에 보이지 않는 정신적 존재로서의 진짜 자기가 한없는 사랑이며 자기 내면에 무한한 능력이 있다는 사실을 인식하고 체험하게 된다. 그리고 다른 사람들도 나와 다르지 않은 존재이므로 그들도 사랑과 무한능력을 지닌 존재로 인정하고 신뢰하게 된다. 이러한 믿음의 바탕 위에서 상대방에게 집착하거나 강요하지 않는 존중과 사랑의 관계가 형성되는 것이다.

에필로그: 마음을 뛰어넘은 자가 세계를 좌우한다

'새로운 지평'을 연 평창의 도전

2011년 7월 7일, 강원도 평창이 마침내 2018년 동계올림 픽 개최지로 확정됐다. 남아프리카공화국 더반(Durban)에서 열린 국제올림픽위원회(IOC)의 2018년 동계올림픽 개최지 선정 1차 투표에서 평창이 총 95표 중 63표를 얻어 경쟁 후 보도시였던 독일 뮌헨(München)과 프랑스의 안시(Annecy)를 압 도적인 차이로 따돌리고 동계올림픽을 유치하게 된 것이다. 자크 로게(Jacques Rogge) IOC 위원장이 2018년 동계올림픽 유치도시로 "평창!"을 외치는 순간, 현장에 있던 우리나라 올림픽 유치위원과 홍보대사들은 물론 한반도 전역에서도 동시에 "와!"하는 환호성이 터져 나왔다.

평창은 2010년과 2014년 겨울올림픽 유치에 모두 실패했다. 두 번 모두 '세계 유일의 분단국가인 한국에서 올림픽을 개최하는 것이야말로 올림픽 정신을 실현시키는 것'이라는 명분을 내세웠다가 연거푸 쓴 잔을 마신 것이다. 당시 프레젠테이션은 올림픽 개최 후보도시로서 평창의 장점을 기계적으로 열거하는 데 그쳤고, 이산가족 할머니의 사연으로 감동을 주려고 했지만 반응은 싸늘했다. 일부 IOC 위원들 사이에서는 지겹다는 반응까지 나왔다. 하지만 이번에는 달랐다. 순수하게 스포츠에 기반한 감동을 이끌어내고, 새로운 비전을 제시한 것이다.

평창은 프레젠테이션 내내 전 세계 어린이들에게 '꿈과 희망을 줄 것'이란 메시지를 강조했다. 또 최종 프레젠테이션 마지막 동영상에 아프리카와 아시아 등 전 세계 어린이들이 강원도 평창 동계올림픽을 통해 꿈을 이룰 수 있다는 점을 영화처럼 아름다운 영상으로 전했다. 평창 동계올림픽을 통해 아시아 지역은 물론 동계스포츠 불모지에도 새로운 올림픽 유산을 창조하겠다는 '새로운 지평(New horizons)'의 이미지를 생생히 보여준 것이다.

만일 평창이 이번에도 '동족상잔의 비극과 고통의 역사'

'한반도 평화와 세계평화'를 주제로 한 슬로건을 들고 나왔더라면 이처럼 감동적인 성공드라마는 볼 수 없었을 것이다. 지나간 과거에 초점을 맞춘 무겁고도 식상한 주제를 10년에 걸쳐 세 번이나 반복해서 듣고 평창에 표를 던질 IOC위원은 없었을 것이기 때문이다. 다행히도 평창은 근본적인 생각의 전환을 했다. '과거의 고통'에서 '미래의 꿈과 희망'으로, '동정을 유도하는 슬픔'에서 '유머와 세련미를 갖춘 자신감'으로 '한반도에 대한 관심'에서 '세계적인 비전'으로 생각을 전환하여 동계올림픽 유치의 '새로운 지평'을 연 것이다.

새로운 삶의 지평, 명상

개인이나 기업의 차원에서도 혁신적인 변화의 '새로운 지평'을 경험하려면 근본적인 생각의 전환이 필요하다. 역사를 돌아보고 지금까지 살아온 삶을 반추해 보는 것은 의미 있는 일이다. 지난 일에 대한 반성이 보다 나은 삶을 위한 도전의 출발점이 될 수 있기 때문이다. 그러나 반대로 과거사에만 골몰하여 집착하게 된다면, 그것은 더 나은 미래를 향해 한 걸음도 더 내딛지 못하게 하는 족쇄가 된다.

우리가 살면서 겪게 되는 수많은 갈등과 문제가 지나간 과거의 일에 대한 부정적인 생각을 떨쳐버리지 못해서 발생한다. 많은 CEO나 리더들이 자신도 모르게 저지르는 최고의 실수도 과거의 경험만을 근거로 현재의 상황을 판단하고 미래를 예측하는 것이다. 그러나 자신이 붙들고 있는 고정관념을 스스로 발견해 바람직한 방향으로 전환하는 것은 그리 쉬운 일이 아니다. 그러나 보다 탁월한 삶의 지평을 열어가려면 자기 자신에 대한 고정관념을 깨고 자기를 완전한 존재로 다시 받아들여야 한다.

세계적으로 성공한 수많은 사람들과 위대한 성인들 모두가 공통되게 이야기해 온 것은 누구에게나 한없는 능력과 지혜가 있다는 것이다. 그러나 자신이 불완전하고 한계에 갇혀 있는 존재라는 생각을 유지하는 한, 그 훌륭한 가르침은 당신에게 탁월한 삶의 '새로운 지평'을 열어줄 수 없다. 이제까지 자신이 제한된 존재라는 생각을 가지고 살아왔다면, 그 생각이 최고로 긍정적인 자기정체성으로 바뀔 수 있게 깊은 명상을 거듭 훈련하라. 그리고 스피리추얼 코칭과 주변인의 피드백을 통해 늘 신선하고 각성된 의식을 유지하라. 자신이 무한능력의 존재이며 사랑과 행복 자체라는 사실을 받아들이고 느끼는 만큼 마음의 평화와 인생의 성공을 획득하게 될 것이다.

마음을 넘어 자기 본질의 경쟁력으로

명상은 이제까지 상식적으로 당연하게 인정해 온 모든 것들을 거꾸로 뒤집어서 다시 생각하게 이끌어 준다. 한마디로 고정관념을 타파하는 것이다. 아인슈타인의 말처럼 "문제가 발생한 시점의 의식보다 더 높은 의식이 아니고서는 그 문제를 해결할 수 없다." 눈에 보이고 귀에 들리는 대로 현실을 인정하고 반응하는 육체적 존재로서의 개체적인 자기의식은 높은 의식이 아니다. 이런 의식으로는 고정관념을 타파할 수도 없고 직면한 문제들을 해결하기도 어렵다.

'높은 의식'이란 감각으로 인식되는 세계를 관찰하고, 개체적 존재로서 감각에 반응하는 나의 생각과 정서를 통찰하는 의식이다. 나아가 개체적 자아를 뛰어넘어 다른 모든 이들과 세계를 끌어안는 '더 큰 나', 무한한 능력을 지닌 영적 존재로서의 '본질적인 나'를 분명히 인식하는 것이다. 그리고 눈에 보이는 상황에 구애됨 없이 언제나 평화롭고 즐거운 마음의 상태를 유지하는 것이다. 이와 같이 여유로운 마음을 갖추고 있어야 문제의 해결이 쉽게 이루어진다. 이것을 가능하게 해 주는 것이 바로 명상인 것이다.

최근에는 기업교육에서도 '비공식 학습(Informal Learning)'의 중요성이 대두되고 있다. 강사나 훈련자의 주도로 이루어지는 공식 학습과는 달리 학습자가 적극적으로 참여하는 비공식 멘토링과 코칭, OJT(On the Job Training, 현장학습), CoP(Community of Practice: 실천모임) 등이 중요한 학습방법으로 주목 받고 있는 것이다. 그러나 이런 비공식적 학습이 효과적으로 이루어지려면 각각의 역할을 담당한 조직원들 간에 존중과 신뢰가 있어야 한다. 선배의 업무능력과 기술에 대한 인정 없이 OJT가 될 리 없고, 서로 존중하지 않는 선후배와 동료들 간에 이루어지는 멘토링이나 CoP는 시간낭비에 불과한 것이다.

운동선수가 정신력을 강화하고 기술을 연마하듯 직장인들도 자신이 속한 사업 분야의 '프로선수'로서 자신의 역량을 스스로 강화시켜 나가는 것이 필요하다. 기업들이 코칭에 주목하게 된 것도 지시한 것만 실행하는 소극적인 사원이 아니라 자발적이고 창조적인 직원들에 대한 갈망 때문이다. 그러나 모든 조직원을 한꺼번에 변화시키려고 하기 보다는 조직 전체에 보다 큰 영향력이 있는 CEO와 임원들이 우선 변화하는 것이 중요하다.

그러므로 명상과 스피리추얼 코칭은 조직을 이끌어가는 리더들에게 우선적으로 필요하다. 리더들이 먼저 본질적인 가치를 일관되게 추구하며 분명한 비전을 제시하고 솔선수범해야 하기 때문이다. 리더들이 직원들에 대한 믿음과 배려하는 마음으로 조직원들을 헤아리고 보살피게 되면 회사 전체가 신뢰와 즐거움의 네트워크로 재조직될 것이고, 성과의 향상은 자연스럽게 따라올 것이다.

영성의 시대인 21세기, 이제는 마음을 뛰어넘은 자가 세계를 좌우한다. 이기적인 개인에서 가족과 이웃으로, 회사와 조직으로, 나라와 세계로, 그리고 온 우주로 자신을 무한히 확장하여 '참나'로 사는 사람이 세계의 주인이 되는 것이다. 그는 더 이상 작은 자아를 고집하지 않고 개인적 욕망이나 눈에 보이는 결과에 집착하지 않는다. 다만 자기 본질이 행복 자체라는 것을 알고 언제나 즐거운 마음으로 일하여 자기도 모르게 훌륭한 성과를 내는 것이다.

인도의 고대 서사시 '바가바드 기타'에서 신(神) 크리슈나는 전사로 등장하는 아르주나에게 다음과 같이 말한다.

"그대의 의무는

그대가 하여야 할 일을 하는 것이다.

행위의 결과는 그대가 관여할 부분이 아니다.

행위의 결과에 대한 기대를 가지고

그것을 목적으로 행위해서는 안 된다.

또한 행위를 피해서도 안 된다.

아르주나여,

진정한 그대 자신 안에 머물면서

성공과 실패를 평등하게 여기며

이기적인 욕망에 대한 집착을 버리고

그대의 의무를 수행하라.

그러면 어떤 상황에서도 마음이 흔들리지 않고

절대 평정을 유지할 수 있을 것이다."

명상은 어떤 상대도 따라올 수 없는 최고의 경쟁력이다. 깊은 명상을 하는 사람은 경쟁자를 의식하지 않고 성공과 실패에도 집착하지 않지만, 자기 일에 즐겁게 몰입하여 탁월한 성과를 내기 때문이다. 어떤가? 명상을 통해 막강한 경쟁력을 갖춘 새로운 자신을 만나보지 않겠는가?

참고문헌

강신장, 『오리진이 되라』, 쌤앤파커스, 2010.

김범진, 『행복한 CEO는 명상을 한다』, 한언, 2007.

김상훈, 『스티브 잡스』, 살림, 2009.

라마나 마하리쉬, 『나는 누구인가?』, 청하, 2005.

리처드 브랜슨, 『내가 상상하면 현실이 된다』, 리더스북, 2007.

마르크 건서, 『위대한 기업을 넘어 영적기업으로』, 한언, 2005.

말콤 글래드웰, 『블링크』, 21세기북스, 2005.

민정암, 『우리는 명상으로 공부한다』, 정신세계사, 2003.

정창영, 『바가바드 기타』, 시공사, 2000.

신병천, 『힐링』, 스마트인, 2012.

신상훈, 『유머가 이긴다』, 쌤앤파커스, 2010.

윌리암 안츠 외, 『블립』, 지혜의 나무, 2010.

이나모리 가즈오, 『왜 일하는가』, 서돌, 2010.

이지훈, 『혼창통』, 쌤앤파커스, 2010.

잭 콘필드, 『처음 만나는 명상 레슨』, 불광출판사, 2011.

정태혁, 『명상의 세계』, 정신세계사, 2004.

패트리셔 애버딘, 『메가트렌드 2010』, 청림출판, 2006.

강동식, 「디지털 타임스」(2007. 3. 7), '[CEO 인터뷰] 세일즈포스닷컴 마크 베니오프'

조세형, 삼성SDS 멀티캠퍼스 웹진 「HRDream」(2012. 4), '조세형의 통하는 커뮤니케이션'

박석, 미래사회와 종교성연구원 심포지엄(2006. 6. 3) 발표문 '명상의 역사'

박태견, 「신동아」(2001. 1), '오라클의 래리 앨리슨 – 빌 게이츠 위협 하는 실리콘밸리의 사무라이'

장래혁, 두뇌한국 뇌 전문 매거진 「브레인」 vol.22, '세계적인 기업들, 탈스트레스와 건강 증진 위해 명상 도입 활발'

프랑스엔 〈크세주〉, 일본엔 〈이와나미 문고〉, 한국에는 〈살림지식총서〉가 있습니다.

📖 전자책 | 🔍 큰글자 | 🔊 오디오북

001 미국의 좌파와 우파 | 이주영 📖🔍
002 미국의 정체성 | 김형인 📖🔍
003 마이너리티 역사 | 손영호 📖
004 두 얼굴을 가진 하나님 | 김형인 📖
005 MD | 정욱식 📖🔍
006 반미 | 김진웅 📖
007 영화로 보는 미국 | 김성곤 📖🔍
008 미국 뒤집어보기 | 장석정
009 미국 문화지도 | 장석정
010 미국 메모랜덤 | 최성일
011 위대한 어머니 여신 | 장영란 📖🔍
012 변신이야기 | 김선자 📖
013 인도신화의 계보 | 류경희 📖🔍
014 축제인류학 | 류정아 📖
015 오리엔탈리즘의 역사 | 정진농 📖🔍
016 이슬람 문화 | 이희수 📖🔍
017 살롱문화 | 서정복 📖
018 추리소설의 세계 | 정규웅 🔍
019 애니메이션의 장르와 역사 | 이용배 📖
020 문신의 역사 | 조현설 📖
021 색채의 상징, 색채의 심리 | 박영수 📖🔍
022 인체의 신비 | 이성주 📖🔍
023 생물학무기 | 배우철 📖
024 이 땅에서 우리말로 철학하기 | 이기상
025 중세는 정말 암흑기였나 | 이경재 📖🔍
026 미셸 푸코 | 양운덕 📖
027 포스트모더니즘에 대한 성찰 | 신승환 📖
028 조폭의 계보 | 방성수
029 성스러움과 폭력 | 류성민 📖
030 성상 파괴주의와 성상 옹호주의 | 진형준 📖
031 UFO학 | 성시정 📖
032 최면의 세계 | 설기문 📖
033 천문학 탐구자들 | 이면우
034 블랙홀 | 이충환 📖
035 법의학의 세계 | 이윤성 📖🔍
036 양자 컴퓨터 | 이순칠 📖
037 마피아의 계보 | 안혁 📖🔍
038 헬레니즘 | 윤진 📖🔍
039 유대인 | 정성호 📖
040 M. 엘리아데 | 정진홍 📖🔍
041 한국교회의 역사 | 서정민 📖🔍
042 야훼와 바알 | 김남일 📖
043 캐리커처의 역사 | 박창석
044 한국 액션영화 | 오승욱 📖
045 한국 문예영화 이야기 | 김남석 📖
046 포켓몬 마스터 되기 | 김윤아 📖

047 판타지 | 송태현 📖
048 르 몽드 | 최연구 📖🔍
049 그리스 사유의 기원 | 김재홍 📖
050 영혼론 입문 | 이정우
051 알베르 카뮈 | 유기환 📖🔍
052 프란츠 카프카 | 편영수 📖
053 버지니아 울프 | 김희정 📖
054 재즈 | 최규용 📖🔍
055 뉴에이지 음악 | 양한수 📖
056 중국의 고구려사 왜곡 | 최광식 📖🔍
057 중국의 정체성 | 강준영 📖🔍
058 중국의 문화코드 | 강진석 📖
059 중국사상의 뿌리 | 장현근 📖🔍
060 화교 | 정성호 📖
061 중국인의 금기 | 장범성 📖
062 무협 | 문현선 📖
063 중국영화 이야기 | 임대근 📖
064 경극 | 송철규 📖
065 중국적 사유의 원형 | 박정근 📖🔍
066 수도원의 역사 | 최형걸 📖
067 현대 신학 이야기 | 박만 📖
068 요가 | 류경희 📖🔍
069 성공학의 역사 | 정해윤 📖
070 진정한 프로는 변화가 즐겁다 | 김학선 📖🔍
071 외국인 직접투자 | 송의달
072 지식의 성장 | 이한구 📖🔍
073 사랑의 철학 | 이정은 📖
074 유교문화와 여성 | 김미영 📖
075 매체 정보란 무엇인가 | 구연상 📖🔍
076 피에르 부르디외와 한국사회 | 홍성민 📖
077 21세기 한국의 문화혁명 | 이정덕
078 사건으로 보는 한국의 정치변동 | 양길현 📖🔍
079 미국을 만든 사상들 | 정경희 📖🔍
080 한반도 시나리오 | 정욱식 📖🔍
081 미국인의 발견 | 우수근 📖
082 미국의 거장들 | 김홍국 📖
083 법으로 보는 미국 | 채동배
084 미국 여성사 | 이창신 📖
085 책과 세계 | 강유원 🔍
086 유럽왕실의 탄생 | 김현수 📖🔍
087 박물관의 탄생 | 전진성 📖
088 절대왕정의 탄생 | 임승휘 📖🔍
089 커피 이야기 | 김성윤 📖🔍
090 축구의 문화사 | 이은호 📖
091 세기의 사랑 이야기 | 안재필 📖🔍
092 반연극의 계보와 미학 | 임준서 📖

093 한국의 연출가들 | 김남석 📖
094 동아시아의 공연예술 | 서연호 📖
095 사이코드라마 | 김정일
096 철학으로 보는 문화 | 신응철 📖 🔍
097 장 폴 사르트르 | 변광배
098 프랑스 문화와 상상력 | 박기현 📖
099 아브라함의 종교 | 공일주 📖
100 여행 이야기 | 이진홍 📖 🔍
101 아테네 | 장영란 📖 🔍
102 로마 | 한형곤 📖
103 이스탄불 | 이희수 📖
104 예루살렘 | 최창모 📖
105 상트 페테르부르크 | 방일권 📖
106 하이델베르크 | 곽병휴 📖
107 파리 | 김복래 📖
108 바르샤바 | 최건영 📖
109 부에노스아이레스 | 고부안 📖
110 멕시코 시티 | 정혜주 📖
111 나이로비 | 양철준 📖
112 고대 올림픽의 세계 | 김복희 📖
113 종교와 스포츠 | 이창익 📖
114 그리스 미술 이야기 | 노성두 📖
115 그리스 문명 | 최혜영 📖
116 그리스와 로마 | 김덕수 📖 🔍
117 알렉산드로스 | 조현미 📖
118 고대 그리스의 시인들 | 김헌 📖
119 올림픽의 숨은 이야기 | 장원재 📖
120 장르 만화의 세계 | 박인하 📖
121 성공의 길은 내 안에 있다 | 이숙영 📖 🔍
122 모든 것을 고객중심으로 바꿔라 | 안상헌 📖
123 중세와 토마스 아퀴나스 | 박주영 📖 🔍
124 우주 개발의 숨은 이야기 | 정홍철 📖
125 나노 | 이영희 📖
126 초끈이론 | 박재모 · 현승준 📖
127 안토니 가우디 | 손세관 📖 🔍
128 프랭크 로이드 라이트 | 서수경 📖
129 프랭크 게리 | 이일형
130 리처드 마이어 | 이성훈 📖
131 안도 다다오 | 임채진 📖
132 색의 유혹 | 오수연 📖
133 고객을 사로잡는 디자인 혁신 | 신언모
134 양주 이야기 | 김준철 📖
135 주역과 운명 | 심의용 📖 🔍
136 학계의 금기를 찾아서 | 강성민 📖 🔍
137 미 · 중 · 일 새로운 패권전략 | 우수근 📖
138 세계지도의 역사와 한반도의 발견 | 김상근 📖 🔍
139 신용하 교수의 독도 이야기 | 신용하 📖
140 간도는 누구의 땅인가 | 이성환 📖
141 말리노프스키의 문화인류학 | 김용환 📖
142 크리스마스 | 이영제
143 바로크 | 신정아 📖
144 페르시아 문화 | 신규섭 📖
145 패션과 명품 | 이재진 📖
146 프랑켄슈타인 | 장정희 📖

147 뱀파이어 연대기 | 한혜원 📖 🔊
148 위대한 힙합 아티스트 | 김정훈 📖
149 살사 | 최명호
150 모던 걸, 여우 목도리를 버려라 | 김주리 📖
151 누가 하이카라 여성을 데리고 사누 | 김미지 📖
152 스위트 홈의 기원 | 백지혜 📖
153 대중적 감수성의 탄생 | 강심호 📖
154 에로 그로 넌센스 | 소래섭 📖
155 소리가 만들어낸 근대의 풍경 | 이승원 📖
156 서울은 어떻게 계획되었는가 | 염복규 📖 🔍
157 부엌의 문화사 | 함한희 📖
158 칸트 | 최인숙 📖
159 사람은 왜 인정받고 싶어하나 | 이정은 📖 🔍
160 지중해학 | 박상진 📖
161 동북아시아 비핵지대 | 이삼성 외
162 서양 배우의 역사 | 김정수
163 20세기의 위대한 연극인들 | 김미혜 📖
164 영화음악 | 박신영 📖
165 한국독립영화 | 김수남 📖
166 영화와 샤머니즘 | 이종승 📖
167 영화로 보는 불륜의 사회학 | 황혜진 📖
168 J.D. 샐린저와 호밀밭의 파수꾼 | 김성곤 📖
169 허브 이야기 | 조태동 · 송진희 📖 🔍
170 프로레슬링 | 성민수 📖
171 프랑크푸르트 | 이기식 📖
172 바그다드 | 이동은 📖
173 아테네인, 스파르타인 | 윤진 📖
174 정치의 원형을 찾아서 | 최자영 📖
175 소르본 대학 | 서정복 📖
176 테마로 보는 서양미술 | 권용준 📖 🔍
177 칼 마르크스 | 박영균
178 허버트 마르쿠제 | 손철성 📖
179 안토니오 그람시 | 김현우 📖
180 안토니오 네그리 | 윤수종 📖
181 박이문의 문학과 철학 이야기 | 박이문 📖 🔍
182 상상력과 가스통 바슐라르 | 홍명희 📖
183 인간복제의 시대가 온다 | 김홍재
184 수소 혁명의 시대 | 김미선 📖
185 로봇 이야기 | 김문상 📖
186 일본의 정체성 | 김필동 📖 🔍
187 일본의 서양문화 수용사 | 정하미 📖 🔍
188 번역과 일본의 근대 | 최경옥 📖
189 전쟁국가 일본 | 이성환 📖
190 한국과 일본 | 하우봉 📖
191 일본 누드 문화사 | 최유경 📖
192 주신구라 | 이준섭 📖
193 일본의 신사 | 박규태 📖
194 미야자키 하야오 | 김윤아 📖 🔊
195 애니메이션으로 보는 일본 | 박규태 📖
196 디지털 에듀테인먼트 스토리텔링 | 강심호 📖
197 디지털 애니메이션 스토리텔링 | 배주영 📖
198 디지털 게임의 미학 | 전경란 📖
199 디지털 게임 스토리텔링 | 한혜원 📖
200 한국형 디지털 스토리텔링 | 이인화 📖

201 디지털 게임, 상상력의 새로운 영토 | 이정엽 🔊
202 프로이트와 종교 | 권수영 🔊
203 영화로 보는 태평양전쟁 | 이동훈
204 소리의 문화사 | 김토일 🔊
205 극장의 역사 | 임종엽 🔊
206 뮤지엄건축 | 서상우 🔊
207 한옥 | 박명덕 🔊🔍
208 한국만화사 산책 | 손상익
209 만화 속 백수 이야기 | 김성훈
210 코믹스 만화의 세계 | 박석환 🔊
211 북한만화의 이해 | 김성훈 · 박소현
212 북한 애니메이션 | 이대연 · 김경임
213 만화로 보는 미국 | 김기홍
214 미생물의 세계 | 이재열 🔊
215 빛과 색 | 변종철 🔊
216 인공위성 | 장영근 🔊
217 문화콘텐츠란 무엇인가 | 최연구 🔊🔍
218 고대 근동의 신화와 종교 | 강성열
219 신비주의 | 금인숙 🔊
220 십자군, 성전과 약탈의 역사 | 진원숙
221 종교개혁 이야기 | 이성덕 🔊
222 자살 | 이진홍 🔊
223 성, 그 억압과 진보의 역사 | 윤가현 🔊🔍
224 아파트의 문화사 | 박철수 🔊
225 권오길 교수가 들려주는 생물의 섹스 이야기 | 권오길 🔊
226 동물행동학 | 임신재 🔊
227 한국 축구 발전사 | 김성원 🔊
228 월드컵의 위대한 전설들 | 서준형
229 월드컵의 강국들 | 심재희
230 스포츠마케팅의 세계 | 박찬혁
231 일본의 이중권력, 쇼군과 천황 | 다카시로 고이치
232 일본의 사소설 | 안영희 🔊
233 글로벌 매너 | 박한표 🔊
234 공간을 성공하는 중국 진출 가이드북 | 우수근
235 20대의 정체성 | 정성호 🔊
236 중년의 사회학 | 정성호 🔊🔍
237 인권 | 차병직 🔊
238 헌법재판 이야기 | 오호택 🔊
239 프라하 | 김규진 🔊
240 부다페스트 | 김성진 🔊
241 보스턴 | 황선희 🔊
242 돈황 | 전인초 🔊
243 보들레르 | 이건수 🔊
244 돈 후안 | 정동섭 🔊
245 사르트르 참여문학론 | 변광배 🔊
246 문체론 | 이종오 🔊
247 올더스 헉슬리 | 김효원 🔊
248 탈식민주의에 대한 성찰 | 박종성 🔊🔍
249 서양 무기의 역사 | 이내주 🔊
250 백화점의 문화사 | 김인호 🔊
251 초콜릿 이야기 | 정한진 🔊
252 향신료 이야기 | 정한진 🔊
253 프랑스 미식 기행 | 심순철
254 음식 이야기 | 윤진아 🔊🔍

255 비틀스 | 고영탁 🔊
256 현대시와 불교 | 오세영 🔊
257 불교의 선악론 | 안옥선 🔊
258 질병의 사회사 | 신규환 🔊🔍
259 와인의 문화사 | 고형욱 🔊
260 와인, 어떻게 즐길까 | 김준철 🔊🔍
261 노블레스 오블리주 | 예종석 🔊🔍
262 미국인의 탄생 | 김진웅 🔊
263 기독교의 교파 | 남병두 🔊
264 플로티노스 | 조규홍
265 아우구스티누스 | 박경숙 🔊
266 안셀무스 | 김영철 🔊
267 중국 종교의 역사 | 박종우 🔊
268 인도의 신화와 종교 | 정광흠
269 이라크의 역사 | 공일주 🔊
270 르 코르뷔지에 | 이관석 🔊
271 김수영, 혹은 시적 양심 | 이은정 🔊🔍🔊
272 의학사상사 | 여인석 🔊
273 서양의학의 역사 | 이재담 🔊🔍
274 몸의 역사 | 강신익 🔊
275 인류를 구한 항균제들 | 예병일 🔊
276 전쟁의 판도를 바꾼 전염병 | 예병일 🔊
277 사상의학 바로 알기 | 장동민 🔊
278 조선의 명의들 | 김호 🔊
279 한국인의 관계심리학 | 권수영 🔊🔍
280 모건의 가족 인류학 | 김용환
281 예수가 상상한 그리스도 | 김호경 🔊
282 사르트르와 보부아르의 계약결혼 | 변광배 🔊🔍
283 초기 기독교 이야기 | 진원숙 🔊
284 동유럽의 민족 분쟁 | 김철민 🔊
285 비잔틴제국 | 진원숙 🔊
286 오스만제국 | 진원숙 🔊
287 별을 보는 사람들 | 조상호
288 한미 FTA 후 직업의 미래 | 김준성 🔊
289 구조주의와 그 이후 | 김종우 🔊
290 아도르노 | 이종하 🔊
291 프랑스 혁명 | 서정복 🔊
292 메이지유신 | 장인성 🔊🔍
293 문화대혁명 | 백승욱 🔊🔍
294 기생 이야기 | 신현규 🔊
295 에베레스트 | 김법모 🔊
296 빈 | 인성기 🔊
297 발트3국 | 서진석 🔊
298 아일랜드 | 한일동 🔊
299 이케다 하야토 | 권혁기 🔊
300 박정희 | 김성진 🔊🔊
301 리콴유 | 김성진 🔊
302 덩샤오핑 | 박형기 🔊
303 마거릿 대처 | 박동운 🔊🔊
304 로널드 레이건 | 김형곤 🔊🔊
305 셰이크 모하메드 | 최진영 🔊
306 유엔사무총장 | 김정태 🔊
307 농구의 탄생 | 손대범 🔊
308 홍차 이야기 | 정은희 🔊🔍

309 인도 불교사 | 김미숙 🔲
310 아힌사 | 이정호
311 인도의 경전들 | 이재숙 🔲
312 글로벌 리더 | 백형찬 🔲🔎
313 탱고 | 배수경 🔲
314 미술경매 이야기 | 이규현 🔲
315 달마와 그 제자들 | 우봉규 🔲🔎
316 화두와 좌선 | 김호귀 🔲
317 대학의 역사 | 이광주 🔲🔎
318 이슬람의 탄생 | 진원숙 🔲
319 DNA분석과 과학수사 | 박기원 🔲🔎
320 대통령의 탄생 | 조지형 🔲
321 대통령의 퇴임 이후 | 김형곤
322 미국의 대통령 선거 | 윤용희 🔲
323 프랑스 대통령 이야기 | 최연구 🔲
324 실용주의 | 이유선 🔲
325 맥주의 세계 | 원융희 🔲🔊
326 SF의 법칙 | 고장원
327 원효 | 김원명 🔲
328 베이징 | 조창완 🔲
329 상하이 | 김윤희 🔲
330 홍콩 | 유영하 🔲
331 중화경제의 리더들 | 박형기 🔲🔎
332 중국의 엘리트 | 주장환 🔲
333 중국의 소수민족 | 정재남
334 중국을 이해하는 9가지 관점 | 우수근 🔲🔎🔊
335 고대 페르시아의 역사 | 유흥태 🔲
336 이란의 역사 | 유흥태 🔲
337 에스파한 | 유흥태 🔲
338 번역이란 무엇인가 | 이향 🔲
339 해체론 | 조규형 🔲
340 자크 라캉 | 김용수 🔲
341 하지홍 교수의 개 이야기 | 하지홍 🔲
342 다방과 카페, 모던보이의 아지트 | 장유정 🔲
343 역사 속의 채식인 | 이광조 (절판)
344 보수와 진보의 정신분석 | 김용신 🔲🔎
345 저작권 | 김기태 🔲
346 왜 그 음식은 먹지 않을까 | 정한진 🔲🔎🔊
347 플라멩코 | 최명호
348 월트 디즈니 | 김지영 🔲
349 빌 게이츠 | 김익현 🔲
350 스티브 잡스 | 김상훈 🔲🔎
351 잭 웰치 | 하정필 🔲
352 워렌 버핏 | 이민주
353 조지 소로스 | 김성진 🔲
354 마쓰시타 고노스케 | 권혁기 🔲🔎
355 도요타 | 이우광 🔲
356 기술의 역사 | 송성수 🔲
357 미국의 총기 문화 | 손영호 🔲
358 표트르 대제 | 박지배 🔲
359 조지 워싱턴 | 김형곤 🔲
360 나폴레옹 | 서정복 🔲🔊
361 비스마르크 | 김장수 🔲
362 모택동 | 김승일 🔲

363 러시아의 정체성 | 기연수 🔲
364 너는 사방 위험한 로봇이다 | 오은 🔲
365 발레리나를 꿈꾼 로봇 | 김선혁 🔲
366 로봇 선생님 가라사대 | 안동근 🔲
367 로봇 디자인의 숨겨진 규칙 | 구신애 🔲
368 로봇을 향한 열정, 일본 애니메이션 | 안병욱 🔲
369 도스토예프스키 | 박영은 🔲🔊
370 플라톤의 교육 | 장영란 🔲
371 대공황 시대 | 양동휴 🔲
372 미래를 예측하는 힘 | 최연구 🔲🔎
373 꼭 알아야 하는 미래 질병 10가지 | 우정헌 🔲🔎🔊
374 과학기술의 개척자들 | 송성수 🔲
375 레이첼 카슨과 침묵의 봄 | 김재호 🔲🔎
376 좋은 문장 나쁜 문장 | 송준호 🔲🔎
377 바울 | 김호경 🔲
378 테킬라 이야기 | 최명호 🔲
379 어떻게 일본 과학은 노벨상을 탔는가 | 김범성 🔲
380 기후변화 이야기 | 이유진 🔲🔎
381 상송 | 전금주
382 이슬람 예술 | 전완경 🔲
383 페르시아의 종교 | 유흥태
384 삼위일체론 | 유해무 🔲
385 이슬람 율법 | 공일주 🔲
386 금강경 | 곽철환 🔲
387 루이스 칸 | 김낙중 · 정태용 🔲
388 톰 웨이츠 | 신주현 🔲
389 위대한 여성 과학자들 | 송성수 🔲
390 법원 이야기 | 오호택 🔲
391 명예훼손이란 무엇인가 | 안상운 🔲🔎
392 사법권의 독립 | 조지형 🔲
393 피해자학 강의 | 장규원 🔲
394 정보공개란 무엇인가 | 안상운 🔲
395 적정기술이란 무엇인가 | 김정태 · 홍성욱 🔲
396 치명적인 금융위기, 왜 유독 대한민국인가 | 오형규 🔲🔎
397 지방자치단체, 돈이 새고 있다 | 최인욱 🔲
398 스마트 위험사회가 온다 | 민경식 🔲🔎
399 한반도 대재난, 대책은 있는가 | 이정직 🔲
400 불안사회 대한민국, 복지가 해답인가 | 신광영 🔲🔎
401 21세기 대한민국 대외전략 | 김기수 🔲
402 보이지 않는 위협, 종북주의 | 류현수 🔲
403 우리 헌법 이야기 | 오호택 🔲🔎
404 핵심 중국어 간체자(简体字) | 김현정 🔎
405 문화생활과 문화주택 | 김용범 🔲
406 미래주거의 대안 | 김세용 · 이재준
407 개방과 폐쇄의 딜레마, 북한의 이중적 경제 | 남성욱 · 정유석 🔲
408 연극과 영화를 통해 본 북한 사회 | 민병욱 🔲
409 먹기 위한 개방, 살기 위한 핵외교 | 김계동 🔲
410 북한 정권 붕괴 가능성과 대비 | 전경주 🔲
411 북한을 움직이는 힘, 군부의 패권경쟁 | 이영훈 🔲
412 인민의 천국에서 벌어지는 인권유린 | 허만호 🔲
413 성공을 이끄는 마케팅 법칙 | 추성엽 🔲
414 커피로 알아보는 마케팅 베이직 | 김민주 🔲
415 쓰나미의 과학 | 이호준 🔲
416 20세기를 빛낸 극작가 20인 | 백승무 🔲

417 20세기의 위대한 지휘자 | 김문경 📖 🔍
418 20세기의 위대한 피아니스트 | 노태헌 📖 🔍
419 뮤지컬의 이해 | 이동섭
420 위대한 도서관 건축 순례 | 최정태 📖 🔍
421 아름다운 도서관 오디세이 | 최정태 📖 🔍
422 롤링 스톤즈 | 김기범
423 서양 건축과 실내디자인의 역사 | 천진희 📖
424 서양 가구의 역사 | 공혜원 📖
425 비주얼 머천다이징&디스플레이 디자인 | 강희수
426 호감의 법칙 | 김경호 📖
427 시대의 지성, 노암 촘스키 | 임기대
428 역사로 본 중국음식 | 신계숙 📖
429 일본요리의 역사 | 박병학 📖 🔍
430 한국의 음식문화 | 도현신 📖
431 프랑스 음식문화 | 민혜련 📖
432 중국차 이야기 | 조은아 📖
433 디저트 이야기 | 안호기 📖
434 치즈 이야기 | 박승용 📖
435 면(麵) 이야기 | 김한송 📖 🔍
436 막걸리 이야기 | 정은숙 📖
437 알렉산드리아 비블리오테카 | 남태우 📖
438 개헌 이야기 | 오호택
439 전통 명품의 보고, 규장각 | 신병주 📖 🔍
440 에로스의 예술, 발레 | 김도윤 📖
441 소크라테스를 알라 | 장영란 📖
442 소프트웨어가 세상을 지배한다 | 김재호 📖
443 국제난민 이야기 | 김철민 📖
444 셰익스피어 그리고 인간 | 김도윤 📖
445 명상이 경쟁력이다 | 김필수 📖 🔍
446 갈매나무의 시인 백석 | 이숭원 📖 🔍
447 브랜드를 알면 자동차가 보인다 | 김흥식 📖
448 파이온에서 힉스 입자까지 | 이강영 📖
449 알고 쓰는 화장품 | 구희연 📖 🔍
450 희망이 된 인문학 | 김호연 📖 🔍
451 한국 예술의 큰 별 동랑 유치진 | 백형찬 📖
452 경허와 그 제자들 | 우봉규 📖 🔍
453 논어 | 윤홍식 📖 🔍
454 장자 | 이기동 📖 🔍
455 맹자 | 장현근 📖 🔍
456 관자 | 신창호 📖 🔍
457 순자 | 윤무학 📖 🔍
458 미사일 이야기 | 박준복 📖
459 사주(四柱) 이야기 | 이지형 📖 🔍
460 영화로 보는 로큰롤 | 김기범 📖
461 비타민 이야기 | 김정환 📖 🔍
462 장군 이순신 | 도현신 📖 🔍
463 전쟁의 심리학 | 이윤규 📖
464 미국의 장군들 | 여영무 📖
465 첨단무기의 세계 | 양낙규 📖
466 한국무기의 역사 | 이내주 📖 🔍
467 노자 | 임헌규 📖 🔍
468 한비자 | 윤찬원 📖 🔍
469 묵자 | 박문현 📖 🔍
470 나는 누구인가 | 김용신 📖 🔍

471 논리적 글쓰기 | 여세주 📖 🔍
472 디지털 시대의 글쓰기 | 이강룡 📖
473 NLL을 말하다 | 이상철 📖 🔍
474 뇌의 비밀 | 서유헌 📖 🔍
475 버트런드 러셀 | 박병철 📖
476 에드문트 후설 | 박인철 📖
477 공간 해석의 지혜, 풍수 | 이지형 📖 🔍
478 이야기 동양철학사 | 강성률 📖 🔍
479 이야기 서양철학사 | 강성률 📖 🔍
480 독일 계몽주의의 유학적 기초 | 전홍석 📖
481 우리말 한자 바로쓰기 | 안광희 📖 🔍
482 유머의 기술 | 이상훈 📖
483 관상 | 이태룡 📖
484 가상학 | 이태룡 📖
485 역경 | 이태룡 📖
486 대한민국 대통령들의 한국경제 이야기 1 | 이장규 📖 🔍
487 대한민국 대통령들의 한국경제 이야기 2 | 이장규 📖 🔍
488 별자리 이야기 | 이형철 외 📖 🔍
489 셜록 홈즈 | 김재성 📖
490 역사를 움직인 중국 여성들 | 이양자 📖 🔍
491 중국 고전 이야기 | 문승용 📖 🔍
492 발효 이야기 | 이미란 📖 🔍
493 이승만 평전 | 이주영 📖
494 미군정시대 이야기 | 차상철 📖 🔍
495 한국전쟁사 | 이희진 📖 🔍
496 정전협정 | 조성훈 📖 🔍
497 북한 대남 침투도발사 | 이윤규 📖
498 수상 | 이태룡 📖
499 성명학 | 이태룡 📖
500 결혼 | 남정욱 📖 🔍
501 광고로 보는 근대문화사 | 김병희 📖 🔍
502 시조의 이해 | 임형선 📖
503 일본인은 왜 속마음을 말하지 않을까 | 임영철 📖
504 내 사랑 아다지오 | 양태조 📖
505 수프림 오페라 | 김도윤 📖
506 바그너의 이해 | 서정원 📖
507 원자력 이야기 | 이정익 📖
508 이스라엘과 창조경제 | 정성호 📖
509 한국 사회 빈부의식은 어떻게 변했는가 | 김용신 📖
510 요하문명과 한반도 | 우실하 📖
511 고조선왕조실록 | 이희진 📖
512 고구려조왕조실록 1 | 이희진 📖
513 고구려조왕조실록 2 | 이희진 📖
514 백제왕조실록 1 | 이희진 📖
515 백제왕조실록 2 | 이희진 📖
516 신라왕조실록 1 | 이희진 📖
517 신라왕조실록 2 | 이희진
518 신라왕조실록 3 | 이희진
519 가야왕조실록 | 이희진 📖
520 발해왕조실록 | 구난희 📖
521 고려왕조실록 1 (근간)
522 고려왕조실록 2 (근간)
523 조선왕조실록 1 | 이성무 📖 🔍
524 조선왕조실록 2 | 이성무 📖 🔍

525 조선왕조실록 3 | 이성무 📖🔍
526 조선왕조실록 4 | 이성무 📖🔍
527 조선왕조실록 5 | 이성무 📖🔍
528 조선왕조실록 6 | 편집부 📖🔍
529 정한론 | 이기용 📖
530 청일전쟁 | 이성환
531 러일전쟁 | 이성환
532 이슬람 전쟁사 | 진원숙 📖
533 소주이야기 | 이지형 📖
534 북한 남침 이후 3일간, 이승만 대통령의 행적 | 남정옥 📖
535 제주 신화 1 | 이석범
536 제주 신화 2 | 이석범
537 제주 전설 1 | 이석범 (절판)
538 제주 전설 2 | 이석범 (절판)
539 제주 전설 3 | 이석범 (절판)
540 제주 전설 4 | 이석범 (절판)
541 제주 전설 5 | 이석범 (절판)
542 제주 민담 | 이석범
543 서양의 명장 | 박기련 📖
544 동양의 명장 | 박기련 📖
545 루소, 교육을 말하다 | 고봉만 · 황성원 📖
546 철학으로 본 앙트러프러너십 | 전인수 📖
547 예술과 앙트러프러너십 | 조명계 📖
548 예술마케팅 | 전인수 📖
549 비즈니스상상력 | 전인수 📖
550 개념설계의 시대 | 전인수 📖
551 미국 독립전쟁 | 김형곤 📖
552 미국 남북전쟁 | 김형곤 📖
553 초기불교 이야기 | 곽철환 📖
554 한국가톨릭의 역사 | 서정민 📖
555 시아 이슬람 | 유흥태 📖
556 스토리텔링에서 스토리두잉으로 | 윤주 📖
557 백세시대의 지혜 | 신현동 📖
558 구보 씨가 살아온 한국 사회 | 김병희 📖
559 정부광고로 보는 일상생활사 | 김병희
560 정부광고의 국민계몽 캠페인 | 김병희
561 도시재생이야기 | 윤주 📖🔍
562 한국의 핵무장 | 김재엽 📖
563 고구려 비문의 비밀 | 정호섭 📖
564 비슷하면서도 다른 한중문화 | 장범성 📖
565 급변하는 현대 중국의 일상 | 장시,리우린,장범성
566 중국의 한국 유학생들 | 왕링윈, 장범성
567 밥 딜런 그의 나라에는 누가 사는가 | 오민석 📖
568 언론으로 본 정부 정책의 변천 | 김병희
569 전통과 보수의 나라 영국 1-영국 역사 | 한일동 📖
570 전통과 보수의 나라 영국 2-영국 문화 | 한일동 📖
571 전통과 보수의 나라 영국 3-영국 현대 | 김언조 📖
572 제1차 세계대전 | 윤형호
573 제2차 세계대전 | 윤형호
574 라벨로 보는 프랑스 포도주의 이해 | 전경준
575 미셸 푸코, 말과 사물 | 이규현
576 프로이트, 꿈의 해석 | 김석
577 왜 5왕 | 홍성화
578 소가씨 4대 | 나행주

579 미나모토노 요리토모 | 남기학
580 도요토미 히데요시 | 이계황
581 요시다 쇼인 | 이희복
582 시부사와 에이이치 | 양의모
583 이토 히로부미 | 방광석
584 메이지 천황 | 박진우
585 하라 다카시 | 김영숙
586 히라쓰카 라이초 | 정애영
587 고노에 후미마로 | 김봉식
588 모방이론으로 본 시장경제 | 김진식
589 보들레르의 풍자적 현대문명 비판 | 이건수 📖
590 원시유교 | 한성구
591 도가 | 김대근
592 춘추전국시대의 고민 | 김현주 📖
593 사회계약론 | 오수웅
594 조선의 예술혼 | 백형찬 📖

명상이 경쟁력이다

펴낸날	초 판 1쇄 2012년 12월 24일
	초 판 5쇄 2022년 8월 25일

지은이	김필수
펴낸이	심만수
펴낸곳	(주)살림출판사
출판등록	1989년 11월 1일 제9-210호

주소	경기도 파주시 광인사길 30
전화	031-946-1350 팩스 031-624-1356
홈페이지	http://www.sallimbooks.com
이메일	book@sallimbooks.com

ISBN	978-89-522-2285-5 04080
	978-89-522-0096-9 04080 (세트)

122 모든 것을 고객중심으로 바꿔라   eBook

안상헌(국민연금관리공단 CS Leader)

고객중심의 서비스전략을 일상의 모든 부분에 적용해야 한다는 가르침을 주는 책. 나 이외의 모든 사람을 고객으로 보고 서비스가 살아야 우리도 산다는 평범한 진리의 힘을 느끼게 해 준다. 피뢰침의 원칙, 책임공감의 원칙, 감정통제의 원칙, 언어절제의 원칙, 역지사지의 원칙이 사람을 상대하는 5가지 기본 원칙으로 제시된다.

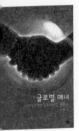

233 글로벌 매너

박한표(대전와인아카데미 원장)

매너는 에티켓과는 다르다. 에티켓이 인간관계를 원활하게 해주는 사회적 불문율로서의 규칙이라면, 매너는 일상생활 속에 에티켓을 적용하는 방식을 말한다. 삶을 잘 사는 방법인 매너의 의미를 설명하고, 글로벌 시대에 우리가 기본적으로 갖추어야 할 국제매너를 구체적으로 소개한 책. 삶의 예술이자 경쟁력인 매너의 핵심 내용을 소개한다.

350 스티브 잡스   eBook

김상훈(동아일보 기자)

스티브 잡스는 시기심과 자기과시, 성공에의 욕망으로 똘똘 뭉친 불완전한 사람이었다. 하지만 동시에 강철 같은 의지로 자신의 불완전함을 극복하고 사회에 가치 있는 일을 하고자 노력했던 위대한 정신의 소유자이기도 하다. 이 책은 스티브 잡스의 삶을 통해 불완전한 우리 자신에 내재된 위대한 본성을 찾아내고자 한다.

352 워렌 버핏   eBook

이민주(한국투자연구소 버핏연구소 소장)

'오마하의 현인'이라고 불리는 워렌 버핏. 그는 일찌감치 자신의 투자 기준을 마련한 후, 금융 일번지 월스트리트가 아닌 자신의 고향 오마하로 와서 본격적인 투자사업을 시작한다. 그의 성공은 성공하는 투자의 출발점은 결국 자기 자신이라는 점을 보여 준다. 워렌 버핏의 삶을 통해 세계 최고의 부자는 어떻게 만들어지는가를 살펴보자.

145 패션과 명품

eBook

이재진(패션 칼럼니스트

패션 산업과 명품에 대한 이해를 돕는 책. 샤넬, 크리스찬 디올, 아르마니, 베르사체, 버버리, 휴고보스 등 브랜드의 탄생 배경과 □품으로 불리는 까닭을 알려 준다. 이 밖에도 이 책은 사람들이 □품을 찾는 심리는 무엇인지, 유명 브랜드들이 어떤 컨셉과 마케□전략을 취하는지 등을 살펴본다.

434 치즈 이야기

eBook

박승용(천안연암대 축산계열 교□

우리 식문화 속에 다채롭게 자리 잡고 있는 치즈를 여러 각도에서 살펴 본 작은 '치즈 사전'이다. 치즈를 고르고 먹는 데 필요한 아기자기한 상식에서부터 나라별 대표 치즈 소개, 치즈에 대한 오해와 진실, 와인에 어울리는 치즈 선별법까지, 치즈를 이해하는 데 필요한 지식과 정보가 골고루 녹아들었다.

435 면 이야기

eBook

김한송(요리사

면(국수)은 세계 각국으로 퍼져 나가면서 제각기 다른 형태로 조리법이 바뀌고 각 지역 특유의 색깔이 결합하면서 독특한 문화 형태로 발전했다. 칼국수를 사랑한 대통령에서부터 파스타의 기원□학까지, 크고 작은 에피소드에 귀 기울이는 동안 독자들은 면의 □다른 매력을 발견할 수 있을 것이다.

436 막걸리 이야기

eBook

정은숙(기행작가

우리 땅 곳곳의 유명 막걸리 양조장과 대폿집을 순례하며 그곳의 풍경과 냄새, 무엇보다 막걸리를 만들고 내오는 이들의 정(情)을 담아내기 위해 애쓴 흔적이 역력하다. 효모 연구가의 단단한 손길에서 만들어지는 막걸리에서부터 대통령이 애호했던 막걸리, 지역 토박이 부부가 휘휘 저어 건네는 순박한 막걸리까지, 또 여기에 막걸리 제조법과 변천사, 대폿집의 역사까지 아우르고 있다.

253 프랑스 미식 기행 `eBook`

심순철(식품영양학과 강사)

프랑스의 각 지방 음식을 소개하면서 거기에 얽힌 역사적인 사실과 문화적인 배경을 재미있게 소개하고 있다. 누가 읽어도 프랑스 음식문화에 대해 어느 정도 이해할 수 있도록 복잡하지 않게, 이야기하듯 쓰인 것이 장점이다. 프랑스로 미식 여행을 떠나고자 하는 이에게 맛과 멋과 향이 어우러진 프랑스의 역사와 문화를 소개하는 책.

132 색의 유혹 색채심리와 컬러 마케팅 `eBook`

오수연(한국마케팅연구원 연구원)

색이 인간에게 미치는 영향과 이를 이용한 컬러 마케팅이 어떤 기법으로 발전했는가를 보여 준다. 색은 생리적 또는 심리적 면에서 사람들에게 많은 영향을 미친다. 컬러가 제품을 파는 시대'의 마케팅에서 주로 사용되는 6가지 대표색을 중심으로 컬러의 트렌드를 읽어 색이 가지는 이미지의 변화를 소개한다.

447 브랜드를 알면 자동차가 보인다

김흥식(『오토헤럴드』 편집장)

세계의 자동차 브랜드가 그 가치를 지니기까지의 역사, 그리고 이를 위해 땀 흘린 장인들에 관한 이야기. 무명의 자동차 레이서가 세계 최고의 자동차 브랜드를 일궈내고, 어머니를 향한 아들의 효심이 최강의 경쟁력을 자랑하는 자동차 브랜드로 이어지기까지의 짧지 않은 역사가 우리 눈에 익숙한 엠블럼과 함께 명쾌하게 정리됐다.

449 알고 쓰는 화장품 `eBook`

구희연(3020안티에이징연구소 이사)

화장품을 고르는 당신의 기준은 무엇인가? 우리는 음식을 고르듯 화장품 선택에 꼼꼼한 편인가? 이 책은 화장품 성분을 파악하는 법부터 화장품의 궁합까지 단순한 화장품 선별 가이드로써의 역할이 아니라 궁극적으로 당신의 '아름답고 건강한 피부'를 만들기 위한 지침서다.

eBook 표시가 되어있는 도서는 전자책으로 구매가 가능합니다.

069 성공학의 역사 | 정해윤 eBook

070 진정한 프로는 변화가 즐겁다 | 김학선 eBook

071 외국인 직접투자 | 송의달

082 미국의 거장들 | 김홍국 eBook

121 성공의 길은 내 안에 있다 | 이숙영 eBook

122 모든 것을 고객 중심으로 바꿔라 | 안상헌 eBook

132 색의 유혹 | 오수연 eBook

133 고객을 사로잡는 디자인 혁신 | 신언모

134 양주 이야기 | 김준철 eBook

145 패션과 명품 | 이재진 eBook

169 허브 이야기 | 조태동 · 송진희

170 프로레슬링 | 성민수 eBook

230 스포츠 마케팅의 세계 | 박찬혁

233 글로벌 매너 | 박한표

234 성공하는 중국 진출 가이드북 | 우수근

253 프랑스 미식 기행 | 심순철

254 음식 이야기 | 윤진아

260 와인, 어떻게 즐길까 | 김준철

307 농구의 탄생 | 손대범 eBook

325 맥주의 세계 | 원융희

348 월트 디즈니 | 김지영

349 빌 게이츠 | 김익현

350 스티브 잡스 | 김상훈

351 잭 웰치 | 하정필

352 워렌 버핏 | 이민주

353 조지 소로스 | 김성진

354 마쓰시타 고노스케 | 권혁기

355 도요타 | 이우광

372 미래를 예측하는 힘 | 최연구 eBook

404 핵심 중국어 간체자 | 김현정 eBook

413 성공을 이끄는 마케팅 법칙 | 추성엽 eBook

414 커피로 알아보는 마케팅 베이직 | 김민주

425 비주얼 머천다이징 & 디스플레이 디자인 | 강

426 호감의 법칙 | 김경호

432 중국차 이야기 | 조은아 eBook

433 디저트 이야기 | 안호기 eBook

434 치즈 이야기 | 박승용 eBook

435 면 이야기 | 김한송 eBook

436 막걸리 이야기 | 정은숙 eBook

445 명상이 경쟁력이다 | 김필수 eBook

447 브랜드를 알면 자동차가 보인다 | 김홍식 eB

449 알고 쓰는 화장품 | 구희연 eBook

(주)살림출판사

www.sallimbooks.com

주소 경기도 파주시 문발동 522-1 | 전화 031-955-1350 | 팩스 031-955-1355